KIRGIZISCH
WOORDENSCHAT

THEMATISCHE WOORDENLIJST

NEDERLANDS
KIRGIZISCH

De meest bruikbare woorden
Om uw woordenschat uit te breiden en
uw taalvaardigheid aan te scherpen

7000 woorden

Thematische woordenschat Nederlands-Kirgizisch - 7000 woorden

Door Andrey Taranov

Woordenlijsten van T&P Books zijn bedoeld om u woorden van een vreemde taal te helpen leren, onthouden, en bestudering. Dit woordenboek is ingedeeld in thema's en behandelt alle belangrijk terreinen van het dagelijkse leven, bedrijven, wetenschap, cultuur, etc.

Het proces van het leren van woorden met behulp van de op thema's gebaseerde aanpak van T&P Books biedt u de volgende voordelen:

- Correct gegroepeerde informatie is bepalend voor succes bij opeenvolgende stadia van het leren van woorden
- De beschikbaarheid van woorden die van dezelfde stam zijn maakt het mogelijk om woordgroepen te onthouden (in plaats van losse woorden)
- Kleine groepen van woorden faciliteren het proces van het aanmaken van associatieve verbindingen, die nodig zijn bij het consolideren van de woordenschat
- Het niveau van talenkennis kan worden ingeschat door het aantal geleerde woorden

T&P Books Publishing
www.tpbooks.com

ISBN: 978-1-78767-018-1

Dit boek is ook beschikbaar in e-boek formaat.
Gelieve www.tpbooks.com te bezoeken of de belangrijkste online boekwinkels.

KIRGIZISCHE WOORDENSCHAT
nieuwe woorden leren

T&P Books woordenlijsten zijn bedoeld om u te helpen vreemde woorden te leren, te onthouden, en te bestuderen. De woordenschat bevat meer dan 7000 veel gebruikte woorden die thematisch geordend zijn.

- De woordenlijst bevat de meest gebruikte woorden
- Aanbevolen als aanvulling bij welke taalcursus dan ook
- Voldoet aan de behoeften van de beginnende en gevorderde student in vreemde talen
- Geschikt voor dagelijks gebruik, bestudering en zelftestactiviteiten
- Maakt het mogelijk om uw woordenschat te evalueren

Bijzondere kenmerken van de woordenschat

- De woorden zijn gerangschikt naar hun betekenis, niet volgens alfabet
- De woorden worden weergegeven in drie kolommen om bestudering en zelftesten te vergemakkelijken
- Woorden in groepen worden verdeeld in kleine blokken om het leerproces te vergemakkelijken
- De woordenschat biedt een handige en eenvoudige beschrijving van elk buitenlands woord

De woordenschat bevat 198 onderwerpen zoals:

Basisconcepten, getallen, kleuren, maanden, seizoenen, meeteenheden, kleding en accessoires, eten & voeding, restaurant, familieleden, verwanten, karakter, gevoelens, emoties, ziekten, stad, dorp, bezienswaardigheden, winkelen, geld, huis, thuis, kantoor, werken op kantoor, import & export, marketing, werk zoeken, sport, onderwijs, computer, internet, gereedschap, natuur, landen, nationaliteiten en meer …

INHOUDSOPGAVE

UITSPRAAKGIDS

T&P fonetisch alfabet	Kirgizisch voorbeeld	Nederlands voorbeeld
[a]	манжа [mandʒa]	acht
[e]	келечек [keletʃek]	delen, spreken
[i]	жигит [dʒigit]	bidden, tint
[ɪ]	кубаныч [kubanɪtʃ]	iemand, die
[o]	мактоо [maktoo]	overeenkomst
[u]	узундук [uzunduk]	hoed, doe
[ʉ]	алюминий [alʉminij]	jullie, aquarium
[y]	түнкү [tynky]	fuut, uur
[b]	ашкабак [aʃkabak]	hebben
[d]	адам [adam]	Dank u, honderd
[dʒ]	жыгач [dʒɪgatʃ]	jeans, jungle
[f]	флейта [flejta]	feestdag, informeren
[g]	тегерек [tegerek]	goal, tango
[j]	бөйрөк [bøjrøk]	New York, januari
[k]	карапа [karapa]	kennen, kleur
[l]	алтын [altɪn]	delen, luchter
[m]	бешмант [beʃmant]	morgen, etmaal
[n]	найза [najza]	nemen, zonder
[ŋ]	булуң [buluŋ]	optelling
[p]	пайдубал [pajdubal]	parallel, koper
[r]	рахмат [raχmat]	roepen, breken
[s]	сагызган [sagɪzgan]	spreken, kosten
[ʃ]	бурулуш [buruluʃ]	shampoo, machine
[t]	түтүн [tytyn]	tomaat, taart
[χ]	пахтадан [paχtadan]	bocht
[ts]	шприц [ʃprits]	niets, plaats
[tʃ]	биринчи [birintʃi]	Tsjechië, cello
[v]	квартал [kvartal]	beloven, schrijven
[z]	казуу [kazuu]	zeven, zesde
[ʲ]	руль, актёр [rulʲ, aktʲor]	palatalisatie teken
[ʰ]	объектив [obʰjektiv]	harde teken

AFKORTINGEN
gebruikt in de woordenschat

Nederlandse afkortingen

abn	-	als bijvoeglijk naamwoord
bijv.	-	bijvoorbeeld
bn	-	bijvoeglijk naamwoord
bw	-	bijwoord
enk.	-	enkelvoud
enz.	-	enzovoort
form.	-	formele taal
inform.	-	informele taal
mann.	-	mannelijk
mil.	-	militair
mv.	-	meervoud
on.ww.	-	onovergankelijk werkwoord
ontelb.	-	ontelbaar
ov.	-	over
ov.ww.	-	overgankelijk werkwoord
telb.	-	telbaar
vn	-	voornaamwoord
vrouw.	-	vrouwelijk
vw	-	voegwoord
vz	-	voorzetsel
wisk.	-	wiskunde
ww	-	werkwoord

Nederlandse artikelen

de	-	gemeenschappelijk geslacht
de/het	-	gemeenschappelijk geslacht, onzijdig
het	-	onzijdig

BASISBEGRIPPEN

Basisbegrippen Deel 1

1. Voornaamwoorden

ik	мен, мага	men, maga
jij, je	сен	sen
hij, zij, het	ал	al
zij, ze	алар	alar

2. Begroetingen. Begroetingen. Afscheid

Hallo! Dag!	Салам!	salam!
Hallo!	Саламатсызбы!	salamatsızbı!
Goedemorgen!	Кутман таңыңыз менен!	kutman taŋıŋız menen!
Goedemiddag!	Кутман күнүңүз менен!	kutman kynyŋyz menen!
Goedenavond!	Кутман кечиңиз менен!	kutman ketʃiŋiz menen!
gedag zeggen (groeten)	учурашуу	utʃuraʃuu
Hoi!	Кандай!	kandaj!
groeten (het)	салам	salam
verwelkomen (ww)	саламдашуу	salamdaʃuu
Hoe gaat het?	Иштериң кандай?	iʃteriŋ kandaj?
Hoe gaat het met u?	Иштериңиз кандай?	iʃteriŋiz kandaj?
Hoe is het?	Иштер кандай?	iʃter kandaj?
Is er nog nieuws?	Эмне жаңылык?	emne dʒaŋılık?
Dag! Tot ziens!	Көрүшкөнчө!	køryʃkøntʃø!
Tot snel! Tot ziens!	Эмки жолукканга чейин!	emki dʒolukkanga tʃejin!
Vaarwel! (inform.)	Кош бол!	koʃ bol!
Vaarwel! (form.)	Кош болуңуз!	koʃ boluŋuz!
afscheid nemen (ww)	коштошуу	koʃtoʃuu
Tot kijk!	Жакшы кал!	dʒakʃı kal!
Dank u!	Рахмат!	raχmat!
Dank u wel!	Чоң рахмат!	tʃoŋ raχmat!
Graag gedaan	Эч нерсе эмес	etʃ nerse emes
Geen dank!	Алкышка арзыбайт	alkıʃka arzıbajt
Geen moeite.	Эчтеке эмес.	etʃteke emes
Excuseer me, ... (inform.)	Кечир!	ketʃir!
Excuseer me, ... (form.)	Кечирип коюңузчу!	ketʃirip kojuŋuztʃu!
excuseren (verontschuldigen)	кечирүү	ketʃiryy
zich verontschuldigen	кечирим суроо	ketʃirim suroo
Mijn excuses.	Кечирим сурайм.	ketʃirim surajm

Het spijt me!	Кечиресиз!	ketʃiresiz!
vergeven (ww)	кечирүү	ketʃiryy
Maakt niet uit!	Эч капачылык жок.	etʃ kapatʃılık dʒok
alsjeblieft	суранам	suranam

Vergeet het niet!	Унутуп калбаңыз!	unutup kalbaŋız!
Natuurlijk!	Албетте!	albette!
Natuurlijk niet!	Албетте жок!	albette dʒok!
Akkoord!	Макул!	makul!
Zo is het genoeg!	Жетишет!	dʒetiʃet!

3. Kardinale getallen. Deel 1

nul	нөл	nøl
een	бир	bir
twee	эки	eki
drie	үч	ytʃ
vier	төрт	tørt

vijf	беш	beʃ
zes	алты	altı
zeven	жети	dʒeti
acht	сегиз	segiz
negen	тогуз	toguz

tien	он	on
elf	он бир	on bir
twaalf	он эки	on eki
dertien	он үч	on ytʃ
veertien	он төрт	on tørt

vijftien	он беш	on beʃ
zestien	он алты	on altı
zeventien	он жети	on dʒeti
achttien	он сегиз	on segiz
negentien	он тогуз	on toguz

twintig	жыйырма	dʒıjırma
eenentwintig	жыйырма бир	dʒıjırma bir
tweeëntwintig	жыйырма эки	dʒıjırma eki
drieëntwintig	жыйырма үч	dʒıjırma ytʃ

dertig	отуз	otuz
eenendertig	отуз бир	otuz bir
tweeëndertig	отуз эки	otuz eki
drieëndertig	отуз үч	otuz ytʃ

veertig	кырк	kırk
tweeënveertig	кырк эки	kırk eki
drieënveertig	кырк үч	kırk ytʃ

vijftig	элүү	elyy
eenenvijftig	элүү бир	elyy bir
tweeënvijftig	элүү эки	elyy eki

drieënvijftig	элүү үч	elyy ytʃ
zestig	алтымыш	altımıʃ
eenenzestig	алтымыш бир	altımıʃ bir
tweeënzestig	алтымыш эки	altımıʃ eki
drieënzestig	алтымыш үч	altımıʃ ytʃ
zeventig	жетимиш	dʒetimiʃ
eenenzeventig	жетимиш бир	dʒetimiʃ bir
tweeënzeventig	жетимиш эки	dʒetimiʃ eki
drieënzeventig	жетимиш үч	dʒetimiʃ ytʃ
tachtig	сексен	seksen
eenentachtig	сексен бир	seksen bir
tweeëntachtig	сексен эки	seksen eki
drieëntachtig	сексен үч	seksen ytʃ
negentig	токсон	tokson
eenennegentig	токсон бир	tokson bir
tweeënnegentig	токсон эки	tokson eki
drieënnegentig	токсон үч	tokson ytʃ

4. Kardinale getallen. Deel 2

honderd	бир жүз	bir dʒyz
tweehonderd	эки жүз	eki dʒyz
driehonderd	үч жүз	ytʃ dʒyz
vierhonderd	төрт жүз	tørt dʒyz
vijfhonderd	беш жүз	beʃ dʒyz
zeshonderd	алты жүз	altı dʒyz
zevenhonderd	жети жүз	dʒeti dʒyz
achthonderd	сегиз жүз	segiz dʒyz
negenhonderd	тогуз жүз	toguz dʒyz
duizend	бир миң	bir miŋ
tweeduizend	эки миң	eki miŋ
drieduizend	үч миң	ytʃ miŋ
tienduizend	он миң	on miŋ
honderdduizend	жүз миң	dʒyz miŋ
miljoen (het)	миллион	million
miljard (het)	миллиард	milliard

5. Getallen. Breuken

breukgetal (het)	бөлчөк	bøltʃøk
half	экиден бир	ekiden bir
een derde	үчтөн бир	ytʃtøn bir
kwart	төрттөн бир	tørttøn bir
een achtste	сегизден бир	segizden bir
een tiende	тогуздан бир	toguzdan bir
twee derde	үчтөн эки	ytʃtøn eki
driekwart	төрттөн үч	tørttøn ytʃ

6. Getallen. Eenvoudige berekeningen

aftrekking (de)	кемитүү	kemityy
aftrekken (ww)	кемитүү	kemityy
deling (de)	бөлүү	bølyy
delen (ww)	бөлүү	bølyy
optelling (de)	кошуу	koʃuu
erbij optellen	кошуу	koʃuu
(bij elkaar voegen)		
optellen (ww)	кошуу	koʃuu
vermenigvuldiging (de)	көбөйтүү	købøjtyy
vermenigvuldigen (ww)	көбөйтүү	købøjtyy

7. Getallen. Diversen

cijfer (het)	санарип	sanarip
nummer (het)	сан	san
telwoord (het)	сан атооч	san atootʃ
minteken (het)	кемитүү	kemityy
plusteken (het)	плюс	plʉs
formule (de)	формула	formula
berekening (de)	эсептөө	eseptøø
tellen (ww)	саноо	sanoo
bijrekenen (ww)	эсептөө	eseptøø
vergelijken (ww)	салыштыруу	salıʃtıruu
Hoeveel?	Канча?	kantʃa?
som (de), totaal (het)	жыйынтык	dʒıjıntık
uitkomst (de)	натыйжа	natıjdʒa
rest (de)	калдык	kaldık
enkele (bijv. ~ minuten)	бир нече	bir netʃe
weinig (bw)	биртике	bir az
weinig (telb.)	бир аз	bir az
een beetje (ontelb.)	кичине	kitʃine
restant (het)	калганы	kalganı
anderhalf	бир жарым	bir dʒarım
dozijn (het)	он эки даана	on eki daana
middendoor (bw)	тең экиге	teŋ ekige
even (bw)	тең	teŋ
helft (de)	жарым	dʒarım
keer (de)	бир жолу	bir dʒolu

8. De belangrijkste werkwoorden. Deel 1

aanbevelen (ww)	сунуштоо	sunuʃtoo
aandringen (ww)	көшөрүү	køʃøryy
aankomen (per auto, enz.)	келүү	kelyy

| aanraken (ww) | тийүү | tijyy |
| adviseren (ww) | кеңеш берүү | keŋeʃ beryy |

afdalen (on.ww.)	ылдый түшүү	ıldıj tyʃyy
afslaan (naar rechts ~)	бурулуу	buruluu
antwoorden (ww)	жооп берүү	dʒoop beryy
bang zijn (ww)	жазкануу	dʒazkanuu
bedreigen	коркутуу	korkutuu
(bijv. met een pistool)		

bedriegen (ww)	алдоо	aldoo
beëindigen (ww)	бүтүрүү	bytyryy
beginnen (ww)	баштоо	baʃtoo
begrijpen (ww)	түшүнүү	tyʃynyy
beheren (managen)	башкаруу	baʃkaruu

beledigen	кемсинтүү	kemsintyy
(met scheldwoorden)		
beloven (ww)	убада берүү	ubada beryy
bereiden (koken)	тамак бышыруу	tamak bıʃıruu
bespreken (spreken over)	талкуулоо	talkuuloo

bestellen (eten ~)	буйрутма кылуу	bujrutma kıluu
bestraffen (een stout kind ~)	жазалоо	dʒazaloo
betalen (ww)	төлөө	tøløø
betekenen (beduiden)	билдирүү	bildiryy
betreuren (ww)	өкүнүү	økynyy

bevallen (prettig vinden)	жактыруу	dʒaktıruu
bevelen (mil.)	буйрук кылуу	bujruk kıluu
bevrijden (stad, enz.)	бошотуу	boʃotuu
bewaren (ww)	сактоо	saktoo
bezitten (ww)	ээ болуу	ee boluu

bidden (praten met God)	дуба кылуу	duba kıluu
binnengaan (een kamer ~)	кирүү	kiryy
breken (ww)	сындыруу	sındıruu
controleren (ww)	башкаруу	baʃkaruu
creëren (ww)	жаратуу	dʒaratuu

deelnemen (ww)	катышуу	katıʃuu
denken (ww)	ойлоо	ojloo
doden (ww)	өлтүрүү	øltyryy
doen (ww)	кылуу	kıluu
dorst hebben (ww)	суусап калуу	suusap kaluu

9. De belangrijkste werkwoorden. Deel 2

een hint geven	четин чыгаруу	tʃetin tʃıgaruu
eisen (met klem vragen)	талап кылуу	talap kıluu
excuseren (vergeven)	кечирүү	ketʃiryy
existeren (bestaan)	чыгуу	tʃıguu
gaan (te voet)	жөө басуу	dʒøø basuu
gaan zitten (ww)	отуруу	oturuu

gaan zwemmen	сууга түшүү	suuga tyʃyy
geven (ww)	берүү	beryy
glimlachen (ww)	жылмаюу	dʒılmadʒʉu
goed raden (ww)	жандырмагын табуу	dʒandırmagın tabuu
grappen maken (ww)	тамашалоо	tamaʃaloo
graven (ww)	казуу	kazuu
hebben (ww)	бар болуу	bar boluu
helpen (ww)	жардам берүү	dʒardam beryy
herhalen (opnieuw zeggen)	кайталоо	kajtaloo
honger hebben (ww)	ачка болуу	atʃka boluu
hopen (ww)	үмүттөнүү	ymyttønyy
horen	угуу	uguu
(waarnemen met het oor)		
huilen (wenen)	ыйлоо	ıjloo
huren (huis, kamer)	батирге алуу	batirge aluu
informeren (informatie geven)	маалымат берүү	maalımat beryy
instemmen (akkoord gaan)	макул болуу	makul boluu
jagen (ww)	аңчылык кылуу	aŋtʃılık kıluu
kennen (kennis hebben	таануу	taanuu
van iemand)		
kiezen (ww)	тандоо	tandoo
klagen (ww)	арыздануу	arızdanuu
kosten (ww)	туруу	turuu
kunnen (ww)	жасай алуу	dʒasaj aluu
lachen (ww)	күлүү	kylyy
laten vallen (ww)	түшүрүп алуу	tyʃyryp aluu
lezen (ww)	окуу	okuu
liefhebben (ww)	сүйүү	syjyy
lunchen (ww)	түштөнүү	tyʃtønyy
nemen (ww)	алуу	aluu
nodig zijn (ww)	керек болуу	kerek boluu

10. De belangrijkste werkwoorden. Deel 3

onderschatten (ww)	баалабоо	baalaboo
ondertekenen (ww)	кол коюу	kol kojʉu
ontbijten (ww)	эртең менен тамактануу	erteŋ menen tamaktanuu
openen (ww)	ачуу	atʃuu
ophouden (ww)	токтотуу	toktotuu
opmerken (zien)	байкоо	bajkoo
opscheppen (ww)	мактануу	maktanuu
opschrijven (ww)	кагазга түшүрүү	kagazga tyʃyryy
plannen (ww)	пландаштыруу	plandaʃtıruu
prefereren (verkiezen)	артык көрүү	artık køryy
proberen (trachten)	аракет кылуу	araket kıluu
redden (ww)	куткаруу	kutkaruu
rekenen op …	… ишенүү	… iʃenyy

rennen (ww)	чуркоо	ʧurkoo
reserveren (een hotelkamer ~)	камдык буйрутмалоо	kamdık bujrutmaloo
roepen (om hulp)	чакыруу	ʧakıruu
schieten (ww)	атуу	atuu
schreeuwen (ww)	кыйкыруу	kıjkıruu

schrijven (ww)	жазуу	dʒazuu
souperen (ww)	кечки тамакты ичүү	ketʃki tamaktı iʧyy
spelen (kinderen)	ойноо	ojnoo
spreken (ww)	сүйлөө	syjløø
stelen (ww)	уурдоо	uurdoo
stoppen (pauzeren)	токтоо	toktoo

studeren (Nederlands ~)	окуу	okuu
sturen (zenden)	жөнөтүү	dʒønøtyy
tellen (optellen)	саноо	sanoo
toebehoren aan ...	таандык болуу	taandık boluu
toestaan (ww)	уруксат берүү	uruksat beryy
tonen (ww)	көрсөтүү	kørsøtyy

twijfelen (onzeker zijn)	күмөн саноо	kymøn sanoo
uitgaan (ww)	чыгуу	ʧıguu
uitnodigen (ww)	чакыруу	ʧakıruu
uitspreken (ww)	айтуу	ajtuu
uitvaren tegen (ww)	урушуу	uruʃuu

11. De belangrijkste werkwoorden. Deel 4

vallen (ww)	жыгылуу	dʒıgıluu
vangen (ww)	кармоо	karmoo
veranderen (anders maken)	өзгөртүү	øzgørtyy
verbaasd zijn (ww)	таң калуу	taŋ kaluu
verbergen (ww)	жашыруу	dʒaʃıruu

verdedigen (je land ~)	коргоо	korgoo
verenigen (ww)	бириктирүү	biriktiryy
vergelijken (ww)	салыштыруу	salıʃtıruu
vergeten (ww)	унутуу	unutuu
vergeven (ww)	кечирүү	ketʃiryy

verklaren (uitleggen)	түшүндүрүү	tyʃyndyryy
verkopen (per stuk ~)	сатуу	satuu
vermelden (praten over)	айтып өтүү	ajtıp øtyy
versieren (decoreren)	кооздоо	koozdoo
vertalen (ww)	которуу	kotoruu

vertrouwen (ww)	ишенүү	iʃenyy
vervolgen (ww)	улантуу	ulantuu
verwarren (met elkaar ~)	адаштыруу	adaʃtıruu
verzoeken (ww)	суроо	suroo
verzuimen (school, enz.)	калтыруу	kaltıruu
vinden (ww)	таап алуу	taap aluu
vliegen (ww)	учуу	uʧuu

volgen (ww)	... ээрчүү	... eertʃyy
voorstellen (ww)	сунуштоо	sunuʃtoo
voorzien (verwachten)	күтүү	kytyy
vragen (ww)	суроо	suroo

waarnemen (ww)	байкоо салуу	bajkoo
waarschuwen (ww)	эскертүү	eskertyy
wachten (ww)	күтүү	kytyy
weerspreken (ww)	каршы болуу	karʃı boluu
weigeren (ww)	баш тартуу	baʃ tartuu

werken (ww)	иштөө	iʃtøø
weten (ww)	билүү	bilyy
willen (verlangen)	каалоо	kaaloo
zeggen (ww)	айтуу	ajtuu
zich haasten (ww)	шашуу	ʃaʃuu

zich interesseren voor ...	... кызыгуу	... kızıguu
zich vergissen (ww)	ката кетирүү	kata ketiryy
zich verontschuldigen	кечирим суроо	ketʃirim suroo
zien (ww)	көрүү	køryy

zijn (ww)	болуу	boluu
zoeken (ww)	... издөө	... izdøø
zwemmen (ww)	сүзүү	syzyy
zwijgen (ww)	унчукпоо	untʃukpoo

12. Kleuren

kleur (de)	түс	tys
tint (de)	кошумча түс	koʃumtʃa tys
kleurnuance (de)	кубулуу	kubuluu
regenboog (de)	күндүн кулагы	kyndyn kulagı

wit (bn)	ак	ak
zwart (bn)	кара	kara
grijs (bn)	боз	boz

groen (bn)	жашыл	dʒaʃıl
geel (bn)	сары	sarı
rood (bn)	кызыл	kızıl

blauw (bn)	көк	køk
lichtblauw (bn)	көгүлтүр	køgyltyr
roze (bn)	мала	mala
oranje (bn)	кызгылт сары	kızgılt sarı
violet (bn)	сыя көк	sıja køk
bruin (bn)	күрөң	kyrøŋ

goud (bn)	алтын түстүү	altın tystyy
zilverkleurig (bn)	күмүш өңдүү	kymyʃ øŋdyy

beige (bn)	сары боз	sarı boz
roomkleurig (bn)	саргылт	sargılt

turkoois (bn)	бирюза	birɥza
kersrood (bn)	кочкул кызыл	kotʃkul kızıl
lila (bn)	кызгылт көгүш	kızgılt køgyʃ
karmijnrood (bn)	ачык кызыл	atʃık kızıl
licht (bn)	ачык	atʃık
donker (bn)	күңүрт	kyŋyrt
fel (bn)	ачык	atʃık
kleur-, kleurig (bn)	түстүү	tystyy
kleuren- (abn)	түстүү	tystyy
zwart-wit (bn)	ак-кара	ak-kara
eenkleurig (bn)	бир өңчөй түстө	bir øŋtʃøj tystø
veelkleurig (bn)	ар түрдүү түстө	ar tyrdyy tystø

13. Vragen

Wie?	Ким?	kim?
Wat?	Эмне?	emne?
Waar?	Каерде?	kaerde?
Waarheen?	Каяка?	kajaka?
Waarvandaan?	Каяктан?	kajaktan?
Wanneer?	Качан?	katʃan?
Waarom?	Эмне үчүн?	emne ytʃyn?
Waarom?	Эмнеге?	emnege?
Waarvoor dan ook?	Кайсы керекке?	kajsı kerekke?
Hoe?	Кандай?	kandaj?
Wat voor ...?	Кайсы?	kajsı?
Welk?	Кайсынысы?	kajsınısı?
Aan wie?	Кимге?	kimge?
Over wie?	Ким жөнүндө?	kim dʒønyndø?
Waarover?	Эмне жөнүндө?	emne dʒønyndø?
Met wie?	Ким менен?	kim menen?
Hoeveel?	Канча?	kantʃa?
Van wie? (mann.)	Кимдики?	kimdiki?
Van wie? (vrouw.)	Кимдики?	kimdiki?
Van wie? (mv.)	Кимдердики?	kimderdiki?

14. Functiewoorden. Bijwoorden. Deel 1

Waar?	Каерде?	kaerde?
hier (bw)	бул жерде	bul dʒerde
daar (bw)	тээтигил жакта	teetigil dʒakta
ergens (bw)	бир жерде	bir dʒerde
nergens (bw)	эч жакта	etʃ dʒakta
bij ... (in de buurt)	... жанында	... dʒanında
bij het raam	терезенин жанында	terezenin dʒanında

Waarheen?	Каяка?	kajaka?
hierheen (bw)	бери	beri
daarheen (bw)	нары	narı
hiervandaan (bw)	бул жерден	bul dʒerden
daarvandaan (bw)	тигил жерден	tigil dʒerden
dichtbij (bw)	жакын	dʒakın
ver (bw)	алыс	alıs
in de buurt (van ...)	... тегерегинде	... tegereginde
dichtbij (bw)	жакын арада	dʒakın arada
niet ver (bw)	алыс эмес	alıs emes
linker (bn)	сол	sol
links (bw)	сол жакта	sol dʒakta
linksaf, naar links (bw)	солго	solgo
rechter (bn)	оӊ	oŋ
rechts (bw)	оӊ жакта	oŋ dʒakta
rechtsaf, naar rechts (bw)	оӊго	oŋgo
vooraan (bw)	астыда	astıda
voorste (bn)	алдыӊкы	aldıŋkı
vooruit (bw)	алдыга	aldıga
achter (bw)	артында	artında
van achteren (bw)	артынан	artınan
achteruit (naar achteren)	артка	artka
midden (het)	ортосу	ortosu
in het midden (bw)	ортосунда	ortosunda
opzij (bw)	капталында	kaptalında
overal (bw)	бүт жерде	byt dʒerde
omheen (bw)	айланасында	ajlanasında
binnenuit (bw)	ичинде	itʃinde
naar ergens (bw)	бир жерде	bir dʒerde
rechtdoor (bw)	түз	tyz
terug (bijv. ~ komen)	кайра	kajra
ergens vandaan (bw)	бир жерден	bir dʒerden
ergens vandaan	бир жактан	bir dʒaktan
(en dit geld moet ~ komen)		
ten eerste (bw)	биринчиден	birintʃiden
ten tweede (bw)	экинчиден	ekintʃiden
ten derde (bw)	үчүнчүдөн	ytʃyntʃydøn
plotseling (bw)	күтпөгөн жерден	kytpøgøn dʒerden
in het begin (bw)	башында	baʃında
voor de eerste keer (bw)	биринчи жолу	birintʃi dʒolu
lang voor ... (bw)	... алдында	... aldında
opnieuw (bw)	башынан	baʃınan
voor eeuwig (bw)	түбөлүккө	tybølykkø
nooit (bw)	эч качан	etʃ katʃan

weer (bw)	кайра	kajra
nu (bw)	эми	emi
vaak (bw)	көпчүлүк учурда	køptʃylyk utʃurda
toen (bw)	анда	anda
urgent (bw)	тезинен	tezinen
meestal (bw)	көбүнчө	købyntʃø
trouwens, ... (tussen haakjes)	баса, ...	basa, ...
mogelijk (bw)	мүмкүн	mymkyn
waarschijnlijk (bw)	балким	balkim
misschien (bw)	ыктымал	ɪktɪmal
trouwens (bw)	андан тышкары, ...	andan tɪʃkarɪ, ...
daarom ...	ошондуктан ...	oʃonduktan ...
in weerwil van ...	... карабастан	... karabastan
dankzij ...	... күчү менен	... kytʃy menen
wat (vn)	эмне	emne
dat (vw)	эмне	emne
iets (vn)	бир нерсе	bir nerse
iets	бир нерсе	bir nerse
niets (vn)	эч нерсе	etʃ nerse
wie (~ is daar?)	ким	kim
iemand (een onbekende)	кимдир бирөө	kimdir birøø
iemand (een bepaald persoon)	бирөө жарым	birøø dʒarɪm
niemand (vn)	эч ким	etʃ kim
nergens (bw)	эч жака	etʃ dʒaka
niemands (bn)	эч кимдики	etʃ kimdiki
iemands (bn)	бирөөнүкү	birøønyky
zo (Ik ben ~ blij)	эми	emi
ook (evenals)	ошондой эле	oʃondoj ele
alsook (eveneens)	дагы	dagɪ

15. Functiewoorden. Bijwoorden. Deel 2

Waarom?	Эмнеге?	emnege?
om een bepaalde reden	эмнегедир	emnegedir
omdat ...	... себептен	... sebepten
voor een bepaald doel	эмне үчүндүр	emne ytʃyndyr
en (vw)	жана	dʒana
of (vw)	же	dʒe
maar (vw)	бирок	birok
voor (vz)	үчүн	ytʃyn
te (~ veel mensen)	өтө эле	øtø ele
alleen (bw)	азыр эле	azɪr ele
precies (bw)	так	tak
ongeveer (~ 10 kg)	болжол менен	boldʒol menen
omstreeks (bw)	болжол менен	boldʒol menen

bij benadering (bn)	болжолдуу	boldʒolduu
bijna (bw)	дээрлик	deerlik
rest (de)	калганы	kalganı

de andere (tweede)	башка	baʃka
ander (bn)	башка бөлөк	baʃka bøløk
elk (bn)	ар бири	ar biri
om het even welk	баардык	baardık
veel (grote hoeveelheid)	көп	køp
veel mensen	көбү	køby
iedereen (alle personen)	баары	baarı

in ruil voor ...	... алмашуу	... almaʃuu
in ruil (bw)	ордуна	orduna
met de hand (bw)	колго	kolgo
onwaarschijnlijk (bw)	ишенүүгө болбойт	iʃenyygø bolbojt

waarschijnlijk (bw)	балким	balkim
met opzet (bw)	атайын	atajın
toevallig (bw)	кокустан	kokustan

zeer (bw)	аябай	ajabaj
bijvoorbeeld (bw)	мисалы	misalı
tussen (~ twee steden)	ортосунда	ortosunda
tussen (te midden van)	арасында	arasında
zoveel (bw)	ошончо	oʃontʃo
vooral (bw)	өзгөчө	øzgøtʃø

Basisbegrippen Deel 2

16. Dagen van de week

maandag (de)	дүйшөмбү	dyjʃømby
dinsdag (de)	шейшемби	ʃejʃembi
woensdag (de)	шаршемби	ʃarʃembi
donderdag (de)	бейшемби	bejʃembi
vrijdag (de)	жума	dʒuma
zaterdag (de)	ишенби	iʃenbi
zondag (de)	жекшемби	dʒekʃembi
vandaag (bw)	бүгүн	bygyn
morgen (bw)	эртең	erteŋ
overmorgen (bw)	бирсүгүнү	birsygyny
gisteren (bw)	кечээ	ketʃee
eergisteren (bw)	мурда күнү	murda kyny
dag (de)	күн	kyn
werkdag (de)	иш күнү	iʃ kyny
feestdag (de)	майрам күнү	majram kyny
verlofdag (de)	дем алыш күн	dem alıʃ kyn
weekend (het)	дем алыш күндөр	dem alıʃ kyndør
de hele dag (bw)	күнү бою	kyny bojʉ
de volgende dag (bw)	кийинки күнү	kijinki kyny
twee dagen geleden	эки күн мурун	eki kyn murun
aan de vooravond (bw)	жакында	dʒakında
dag-, dagelijks (bn)	күндө	kyndø
elke dag (bw)	күн сайын	kyn sajın
week (de)	жума	dʒuma
vorige week (bw)	өткөн жумада	øtkøn dʒumada
volgende week (bw)	келаткан жумада	kelatkan dʒumada
wekelijks (bn)	жума сайын	dʒuma sajın
elke week (bw)	жума сайын	dʒuma sajın
twee keer per week	жумасына эки жолу	dʒumasına eki dʒolu
elke dinsdag	ар шейшемби	ar ʃejʃembi

17. Uren. Dag en nacht

morgen (de)	таң	taŋ
's morgens (bw)	эртең менен	erteŋ menen
middag (de)	жарым күн	dʒarım kyn
's middags (bw)	түштөн кийин	tyʃtøn kijin
avond (de)	кеч	ketʃ
's avonds (bw)	кечинде	ketʃinde

nacht (de)	түн	tyn
's nachts (bw)	түндө	tyndø
middernacht (de)	жарым түн	dʒarɪm tyn

seconde (de)	секунда	sekunda
minuut (de)	мүнөт	mynøt
uur (het)	саат	saat
halfuur (het)	жарым саат	dʒarɪm saat
kwartier (het)	чейрек саат	tʃejrek saat
vijftien minuten	он беш мүнөт	on beʃ mynøt
etmaal (het)	сутка	sutka

zonsopgang (de)	күндүн чыгышы	kyndyn tʃɪgɪʃɪ
dageraad (de)	таң агаруу	taŋ agaruu
vroege morgen (de)	таң эрте	taŋ erte
zonsondergang (de)	күн батуу	kyn batuu

's morgens vroeg (bw)	таң эрте	taŋ erte
vanmorgen (bw)	бүгүн эртең менен	bygyn erteŋ menen
morgenochtend (bw)	эртең эртең менен	erteŋ erteŋ menen
vanmiddag (bw)	күндүзү	kyndyzy
's middags (bw)	түштөн кийин	tyʃtøn kijin
morgenmiddag (bw)	эртең түштөн кийин	erteŋ tyʃtøn kijin
vanavond (bw)	бүгүн кечинде	bygyn ketʃinde
morgenavond (bw)	эртең кечинде	erteŋ ketʃinde

klokslag drie uur	туура саат үчтө	tuura saat ytʃtø
ongeveer vier uur	болжол менен төрт саат	boldʒol menen tørt saat
tegen twaalf uur	саат он экиде	saat on ekide

over twintig minuten	жыйырма мүнөттөн кийин	dʒɪjɪrma mynøttøn kijin
over een uur	бир сааттан кийин	bir saattan kijin
op tijd (bw)	өз убагында	øz ubagɪnda

kwart voor ...	... он беш мүнөт калды	... on beʃ mynøt kaldɪ
binnen een uur	бир сааттын ичинде	bir saattɪn itʃinde
elk kwartier	он беш мүнөт сайын	on beʃ mynøt sajɪn
de klok rond	бир сутка бою	bir sutka bojʉ

18. Maanden. Seizoenen

januari (de)	январь	janvarʲ
februari (de)	февраль	fevralʲ
maart (de)	март	mart
april (de)	апрель	aprelʲ
mei (de)	май	maj
juni (de)	июнь	ijʉnʲ

juli (de)	июль	ijʉlʲ
augustus (de)	август	avgust
september (de)	сентябрь	sentʲabrʲ
oktober (de)	октябрь	oktʲabrʲ
november (de)	ноябрь	nojabrʲ
december (de)	декабрь	dekabrʲ

lente (de)	жаз	dʒaz
in de lente (bw)	жазында	dʒazında
lente- (abn)	жазгы	dʒazgı
zomer (de)	жай	dʒaj
in de zomer (bw)	жайында	dʒajında
zomer-, zomers (bn)	жайкы	dʒajkı
herfst (de)	күз	kyz
in de herfst (bw)	күзүндө	kyzyndø
herfst- (abn)	күздүк	kyzdүk
winter (de)	кыш	kıʃ
in de winter (bw)	кышында	kıʃinda
winter- (abn)	кышкы	kıʃkı
maand (de)	ай	aj
deze maand (bw)	ушул айда	uʃul ajda
volgende maand (bw)	кийинки айда	kijinki ajda
vorige maand (bw)	өткөн айда	øtkøn ajda
een maand geleden (bw)	бир ай мурун	bir aj murun
over een maand (bw)	бир айдан кийин	bir ajdan kijin
over twee maanden (bw)	эки айдан кийин	eki ajdan kijin
de hele maand (bw)	ай бою	aj bojұ
een volle maand (bw)	толук бир ай	toluk bir aj
maand-, maandelijks (bn)	ай сайын	aj sajın
maandelijks (bw)	ай сайын	aj sajın
elke maand (bw)	ар бир айда	ar bir ajda
twee keer per maand	айына эки жолу	ajına eki dʒolu
jaar (het)	жыл	dʒıl
dit jaar (bw)	бул жылы	bul dʒılı
volgend jaar (bw)	келаткан жылы	kelatkan dʒılı
vorig jaar (bw)	өткөн жылы	øtkøn dʒılı
een jaar geleden (bw)	бир жыл мурун	bir dʒıl murun
over een jaar	бир жылдан кийин	bir dʒıldan kijin
over twee jaar	эки жылдан кийин	eki dʒıldan kijin
het hele jaar	жыл бою	dʒıl bodʒұ
een vol jaar	толук бир жыл	toluk bir dʒıl
elk jaar	ар жыл сайын	ar dʒıl sajın
jaar-, jaarlijks (bn)	жыл сайын	dʒıl sajın
jaarlijks (bw)	жыл сайын	dʒıl sajın
4 keer per jaar	жылына төрт жолу	dʒılına tørt dʒolu
datum (de)	число	tʃislo
datum (de)	күн	kyn
kalender (de)	календарь	kalendarʲ
een half jaar	жарым жыл	dʒarım dʒıl
zes maanden	жарым чейрек	dʒarım tʃejrek
seizoen (bijv. lente, zomer)	мезгил	mezgil
eeuw (de)	кылым	kılım

19. Tijd. Diversen

tijd (de)	убакыт	ubakıt
ogenblik (het)	учур	uʧur
moment (het)	көз ирмемде	køz irmemde
ogenblikkelijk (bn)	көз ирмемде	køz irmemde
tijdsbestek (het)	убакыттын бир бөлүгү	ubakıttın bir bølygy
leven (het)	жашоо	dʒaʃoo
eeuwigheid (de)	түбөлүк	tybølyk
epoche (de), tijdperk (het)	доор	door
era (de), tijdperk (het)	заман	zaman
cyclus (de)	мерчим	merʧim
periode (de)	мезгил	mezgil
termijn (vastgestelde periode)	мөөнөт	møønøt
toekomst (de)	келечек	keleʧek
toekomstig (bn)	келечек	keleʧek
de volgende keer	кийинки жолу	kijinki dʒolu
verleden (het)	өткөн	øtkøn
vorig (bn)	өткөн	øtkøn
de vorige keer	өткөндө	øtkøndø
later (bw)	кийнчерээк	kijnʧereek
na (~ het diner)	кийин	kijin
tegenwoordig (bw)	азыр, учурда	azır, uʧurda
nu (bw)	азыр	azır
onmiddellijk (bw)	тез арада	tez arada
snel (bw)	жакында	dʒakında
bij voorbaat (bw)	алдын ала	aldın ala
lang geleden (bw)	көп убакыт мурун	køp ubakıt murun
kort geleden (bw)	жакындан бери	dʒakından beri
noodlot (het)	тагдыр	tagdır
herinneringen (mv.)	эсте калганы	este kalganı
archief (het)	архив	arχiv
tijdens ... (ten tijde van)	... убагында	... ubagında
lang (bw)	узак	uzak
niet lang (bw)	узак эмес	uzak emes
vroeg (bijv. ~ in de ochtend)	эрте	erte
laat (bw)	кеч	keʧ
voor altijd (bw)	түбөлүк	tybølyk
beginnen (ww)	баштоо	baʃtoo
uitstellen (ww)	жылдыруу	dʒıldıruu
tegelijkertijd (bw)	бир учурда	bir uʧurda
voortdurend (bw)	үзгүлтүксүз	yzgyltyksyz
voortdurend	үзгүлтүксүз	yzgyltyksyz
tijdelijk (bn)	убактылуу	ubaktıluu
soms (bw)	кээдэ	kedee
zelden (bw)	чанда	ʧanda
vaak (bw)	көпчүлүк учурда	køpʧylyk uʧurda

20. Tegenovergestelden

rijk (bn)	бай	baj
arm (bn)	кедей	kedej
ziek (bn)	оорулуу	ooruluu
gezond (bn)	дени сак	deni sak
groot (bn)	чоң	ʧoŋ
klein (bn)	кичине	kiʧine
snel (bw)	тез	tez
langzaam (bw)	жай	dʒaj
snel (bn)	тез	tez
langzaam (bn)	жай	dʒaj
vrolijk (bn)	шайыр	ʃajır
treurig (bn)	муңдуу	muŋduu
samen (bw)	бирге	birge
apart (bw)	өзүнчө	øzynʧø
hardop (~ lezen)	үн чыгарып	yn ʧıgarıp
stil (~ lezen)	үн чыгарбай	yn ʧıgarbaj
hoog (bn)	бийик	bijik
laag (bn)	жапыз	dʒapız
diep (bn)	терең	tereŋ
ondiep (bn)	тайыз	tajız
ja	ооба	ooba
nee	жок	dʒok
ver (bn)	алыс	alıs
dicht (bn)	жакын	dʒakın
ver (bw)	алыс	alıs
dichtbij (bw)	жакын арада	dʒakın arada
lang (bn)	узун	uzun
kort (bn)	кыска	kıska
vriendelijk (goedhartig)	кайрымдуу	kajrımduu
kwaad (bn)	каардуу	kaarduu
gehuwd (mann.)	аялы бар	ajalı bar
ongehuwd (mann.)	бойдок	bojdok
verbieden (ww)	тыюу салуу	tıjuu saluu
toestaan (ww)	уруксат берүү	uruksat beryy
einde (het)	аягы	ajagı
begin (het)	башталыш	baʃtalıʃ

linker (bn)	сол	sol
rechter (bn)	оң	oŋ
eerste (bn)	биринчи	birintʃi
laatste (bn)	акыркы	akırkı
misdaad (de)	кылмыш	kılmıʃ
bestraffing (de)	жаза	dʒaza
bevelen (ww)	буйрук кылуу	bujruk kıluu
gehoorzamen (ww)	баш ийүү	baʃ ijyy
recht (bn)	түз	tyz
krom (bn)	кыйшак	kıjʃak
paradijs (het)	бейиш	bejiʃ
hel (de)	тозок	tozok
geboren worden (ww)	төрөлүү	tørølyy
sterven (ww)	өлүү	ølyy
sterk (bn)	күчтүү	kytʃtyy
zwak (bn)	алсыз	alsız
oud (bn)	эски	eski
jong (bn)	жаш	dʒaʃ
oud (bn)	эски	eski
nieuw (bn)	жаңы	dʒaŋı
hard (bn)	катуу	katuu
zacht (bn)	жумшак	dʒumʃak
warm (bn)	жылуу	dʒıluu
koud (bn)	муздак	muzdak
dik (bn)	семиз	semiz
dun (bn)	арык	arık
smal (bn)	тар	tar
breed (bn)	кең	keŋ
goed (bn)	жакшы	dʒakʃı
slecht (bn)	жаман	dʒaman
moedig (bn)	кайраттуу	kajrattuu
laf (bn)	суу жүрөк	suu dʒyrøk

21. Lijnen en vormen

vierkant (het)	чарчы	tʃartʃı
vierkant (bn)	чарчы	tʃartʃı
cirkel (de)	тегерек	tegerek
rond (bn)	тегерек	tegerek

| driehoek (de) | үч бурчтук | ytʃ burtʃtuk |
| driehoekig (bn) | үч бурчтуу | ytʃ burtʃtuu |

ovaal (het)	жумуру	dʒumuru
ovaal (bn)	жумуру	dʒumuru
rechthoek (de)	тик бурчтук	tik burtʃtuk
rechthoekig (bn)	тик бурчтуу	tik burtʃtuu

piramide (de)	пирамида	piramida
ruit (de)	ромб	romb
trapezium (het)	трапеция	trapetsija
kubus (de)	куб	kub
prisma (het)	призма	prizma

omtrek (de)	айлана	ajlana
bol, sfeer (de)	сфера	sfera
bal (de)	шар	ʃar

diameter (de)	диаметр	diametr
straal (de)	радиус	radius
omtrek (~ van een cirkel)	периметр	perimetr
middelpunt (het)	борбор	borbor

horizontaal (bn)	туурасынан	tuurasınan
verticaal (bn)	тикесинен	tikesinen
parallel (de)	параллель	parallelʲ
parallel (bn)	параллель	parallelʲ

lijn (de)	сызык	sızık
streep (de)	сызык	sızık
rechte lijn (de)	түз сызык	tyz sızık
kromme (de)	кыйшык сызык	kıjʃık sızık
dun (bn)	ичке	itʃke
omlijning (de)	караан	karaan

snijpunt (het)	кесилиш	kesiliʃ
rechte hoek (de)	тик бурч	tik burtʃ
segment (het)	сегмент	segment
sector (de)	сектор	sektor
zijde (de)	каптал	kaptal
hoek (de)	бурч	burtʃ

22. Meeteenheden

gewicht (het)	салмак	salmak
lengte (de)	узундук	uzunduk
breedte (de)	жазылык	dʒazılık
hoogte (de)	бийиктик	bijiktik
diepte (de)	терендик	terendik
volume (het)	көлөм	køløm
oppervlakte (de)	аянт	ajant

| gram (het) | грамм | gramm |
| milligram (het) | миллиграмм | milligramm |

kilogram (het)	килограмм	kilogramm
ton (duizend kilo)	тонна	tonna
pond (het)	фунт	funt
ons (het)	унция	untsija

meter (de)	метр	metr
millimeter (de)	миллиметр	millimetr
centimeter (de)	сантиметр	santimetr
kilometer (de)	километр	kilometr
mijl (de)	миля	milʲa

duim (de)	дюйм	dʉjm
voet (de)	фут	fut
yard (de)	ярд	jard

| vierkante meter (de) | квадраттык метр | kvadrattık metr |
| hectare (de) | гектар | gektar |

liter (de)	литр	litr
graad (de)	градус	gradus
volt (de)	вольт	volʲt
ampère (de)	ампер	amper
paardenkracht (de)	ат күчү	at kytʃy

hoeveelheid (de)	саны	sanı
een beetje …	… бир аз	… bir az
helft (de)	жарым	dʒarım
dozijn (het)	он эки даана	on eki daana
stuk (het)	даана	daana

| afmeting (de) | чоңдук | tʃoŋduk |
| schaal (bijv. ~ van 1 op 50) | өлчөмчен | øltʃømtʃen |

minimaal (bn)	минималдуу	minimalduu
minste (bn)	эң кичинекей	eŋ kitʃinekej
medium (bn)	орточо	ortotʃo
maximaal (bn)	максималдуу	maksimalduu
grootste (bn)	эң чоң	eŋ tʃoŋ

23. Containers

glazen pot (de)	банка	banka
blik (conserven~)	банка	banka
emmer (de)	чака	tʃaka
ton (bijv. regenton)	бочка	botʃka

ronde waterbak (de)	дагара	dagara
tank (bijv. watertank-70-ltr)	бак	bak
heupfles (de)	фляжка	flʲadʒka
jerrycan (de)	канистра	kanistra
tank (bijv. ketelwagen)	цистерна	tsisterna

| beker (de) | кружка | krudʒka |
| kopje (het) | чөйчөк | tʃøjtʃøk |

schoteltje (het)	табак	tabak
glas (het)	ыстакан	ıstakan
wijnglas (het)	бокал	bokal
pan (de)	мискей	miskej
fles (de)	бөтөлкө	bøtølkø
flessenhals (de)	оозу	oozu
karaf (de)	графин	grafin
kruik (de)	кумура	kumura
vat (het)	идиш	idiʃ
pot (de)	карапа	karapa
vaas (de)	ваза	vaza
flacon (de)	флакон	flakon
flesje (het)	кичине бөтөлкө	kitʃine bøtølkø
tube (bijv. ~ tandpasta)	тюбик	tʉbik
zak (bijv. ~ aardappelen)	кап	kap
tasje (het)	пакет	paket
pakje (~ sigaretten, enz.)	пачке	patʃke
doos (de)	куту	kutu
kist (de)	үкөк	ykøk
mand (de)	себет	sebet

24. Materialen

materiaal (het)	материал	material
hout (het)	жыгач	dʒıgatʃ
houten (bn)	жыгач	dʒıgatʃ
glas (het)	айнек	ajnek
glazen (bn)	айнек	ajnek
steen (de)	таш	taʃ
stenen (bn)	таш	taʃ
plastic (het)	пластик	plastik
plastic (bn)	пластик	plastik
rubber (het)	резина	rezina
rubber-, rubberen (bn)	резина	rezina
stof (de)	кездеме	kezdeme
van stof (bn)	кездеме	kezdeme
papier (het)	кагаз	kagaz
papieren (bn)	кагаз	kagaz
karton (het)	картон	karton
kartonnen (bn)	картон	karton
polyethyleen (het)	полиэтилен	polietilen
cellofaan (het)	целлофан	tsellofan

multiplex (het)	фанера	fanera
porselein (het)	фарфор	farfor
porseleinen (bn)	фарфор	farfor
klei (de)	чопо	tʃopo
klei-, van klei (bn)	чопо	tʃopo
keramiek (de)	карапа	karapa
keramieken (bn)	карапа	karapa

25. Metalen

metaal (het)	металл	metall
metalen (bn)	металл	metall
legering (de)	эритме	eritme
goud (het)	алтын	altın
gouden (bn)	алтын	altın
zilver (het)	күмүш	kymyʃ
zilveren (bn)	күмүш	kymyʃ
ijzer (het)	темир	temir
ijzeren	темир	temir
staal (het)	болот	bolot
stalen (bn)	болот	bolot
koper (het)	жез	dʒez
koperen (bn)	жез	dʒez
aluminium (het)	алюминий	alʉminij
aluminium (bn)	алюминий	alʉminij
brons (het)	коло	kolo
bronzen (bn)	коло	kolo
messing (het)	латунь	latunʲ
nikkel (het)	никель	nikelʲ
platina (het)	платина	platina
kwik (het)	сымап	sımap
tin (het)	калай	kalaj
lood (het)	коргошун	korgoʃun
zink (het)	цинк	tsınk

MENS

Mens. Het lichaam

26. Mensen. Basisbegrippen

mens (de)	адам	adam
man (de)	эркек	erkek
vrouw (de)	аял	ajal
kind (het)	бала	bala
meisje (het)	кыз бала	kız bala
jongen (de)	бала	bala
tiener, adolescent (de)	өспүрүм	øspyrym
oude man (de)	абышка	abıʃka
oude vrouw (de)	кемпир	kempir

27. Menselijke anatomie

organisme (het)	организм	organizm
hart (het)	жүрөк	dʒyrøk
bloed (het)	кан	kan
slagader (de)	артерия	arterija
ader (de)	вена	vena
hersenen (mv.)	мээ	mee
zenuw (de)	нерв	nerv
zenuwen (mv.)	нервдер	nervder
wervel (de)	омуртка	omurtka
ruggengraat (de)	кыр арка	kır arka
maag (de)	ашказан	aʃkazan
darmen (mv.)	ичеги-карын	itʃegi-karın
darm (de)	ичеги	itʃegi
lever (de)	боор	boor
nier (de)	бөйрөк	børjrøk
been (deel van het skelet)	сөөк	søøk
skelet (het)	скелет	skelet
rib (de)	кабырга	kabırga
schedel (de)	баш сөөгү	baʃ søøgy
spier (de)	булчуң	bultʃuŋ
biceps (de)	бицепс	bitseps
triceps (de)	трицепс	tritseps
pees (de)	тарамыш	taramıʃ
gewricht (het)	муундар	muundar

longen (mv.)	өпкө	øpkø
geslachtsorganen (mv.)	жан жер	dʒan dʒer
huid (de)	тери	teri

28. Hoofd

hoofd (het)	баш	baʃ
gezicht (het)	бет	bet
neus (de)	мурун	murun
mond (de)	ооз	ooz

oog (het)	көз	køz
ogen (mv.)	көздөр	køzdør
pupil (de)	карек	karek
wenkbrauw (de)	каш	kaʃ
wimper (de)	кирпик	kirpik
ooglid (het)	кабак	kabak

tong (de)	тил	til
tand (de)	тиш	tiʃ
lippen (mv.)	эриндер	erinder
jukbeenderen (mv.)	бет сөөгү	bet søøgy
tandvlees (het)	тиш эти	tiʃ eti
gehemelte (het)	таңдай	taŋdaj

neusgaten (mv.)	мурун тешиги	murun teʃigi
kin (de)	ээк	eek
kaak (de)	жаак	dʒaak
wang (de)	бет	bet

voorhoofd (het)	чеке	tʃeke
slaap (de)	чыкый	tʃɪkɪj
oor (het)	кулак	kulak
achterhoofd (het)	желке	dʒelke
hals (de)	моюн	mojʉn
keel (de)	тамак	tamak

haren (mv.)	чач	tʃatʃ
kapsel (het)	чач жасоо	tʃatʃ dʒasoo
haarsnit (de)	чач кыркуу	tʃatʃ kɪrkuu
pruik (de)	парик	parik

snor (de)	мурут	murut
baard (de)	сакал	sakal
dragen (een baard, enz.)	мурут коюу	murut kojʉu
vlecht (de)	өрүм чач	ørym tʃatʃ
bakkebaarden (mv.)	бакенбарда	bakenbarda

ros (roodachtig, rossig)	сары	sarı
grijs (~ haar)	ак чачтуу	ak tʃatʃtuu
kaal (bn)	таз	taz
kale plek (de)	кашка	kaʃka
paardenstaart (de)	куйрук	kujruk
pony (de)	көкүл	køkyl

29. Menselijk lichaam

hand (de)	беш манжа	beʃ mandʒa
arm (de)	кол	kol
vinger (de)	манжа	mandʒa
teen (de)	манжа	mandʒa
duim (de)	бармак	barmak
pink (de)	чыпалак	tʃɪpalak
nagel (de)	тырмак	tɪrmak
vuist (de)	муштум	muʃtum
handpalm (de)	алакан	alakan
pols (de)	билек	bilek
voorarm (de)	каруу	karuu
elleboog (de)	чыканак	tʃɪkanak
schouder (de)	ийин	ijin
been (rechter ~)	бут	but
voet (de)	таман	taman
knie (de)	тизе	tize
kuit (de)	балтыр	baltɪr
heup (de)	сан	san
hiel (de)	согончок	sogontʃok
lichaam (het)	дене	dene
buik (de)	курсак	kursak
borst (de)	төш	tøʃ
borst (de)	эмчек	emtʃek
zijde (de)	каптал	kaptal
rug (de)	арка жон	arka dʒon
lage rug (de)	бел	bel
taille (de)	бел	bel
navel (de)	киндик	kindik
billen (mv.)	жамбаш	dʒambaʃ
achterwerk (het)	көчүк	køtʃyk
huidvlek (de)	мең	meŋ
moedervlek (de)	кал	kal
tatoeage (de)	татуировка	tatuirovka
litteken (het)	тырык	tɪrɪk

Kleding en accessoires

30. Bovenkleding. Jassen

kleren (mv.)	кийим	kijim
bovenkleding (de)	үстүңкү кийим	ystyŋky kijim
winterkleding (de)	кышкы кийим	kɪʃkɪ kijim
jas (de)	пальто	palʲto
bontjas (de)	тон	ton
bontjasje (het)	чолок тон	ʧolok ton
donzen jas (de)	мамык олпок	mamɪk olpok
jasje (bijv. een leren ~)	күрмө	kyrmø
regenjas (de)	плащ	plaʃʧ
waterdicht (bn)	суу өткүс	suu øtkys

31. Heren & dames kleding

overhemd (het)	көйнөк	køjnøk
broek (de)	шым	ʃɪm
jeans (de)	джинсы	dʒinsɪ
colbert (de)	бешмант	beʃmant
kostuum (het)	костюм	kostʉm
jurk (de)	көйнөк	køjnøk
rok (de)	юбка	jʉbka
blouse (de)	блузка	bluzka
wollen vest (de)	кофта	kofta
blazer (kort jasje)	кыска бешмант	kɪska beʃmant
T-shirt (het)	футболка	futbolka
shorts (mv.)	чолок шым	ʧolok ʃɪm
trainingspak (het)	спорт кийими	sport kijimi
badjas (de)	халат	χalat
pyjama (de)	пижама	pidʒama
sweater (de)	свитер	sviter
pullover (de)	пуловер	pulover
gilet (het)	жилет	dʒilet
rokkostuum (het)	фрак	frak
smoking (de)	смокинг	smoking
uniform (het)	форма	forma
werkkleding (de)	жумуш кийим	dʒumuʃ kijim
overall (de)	комбинезон	kombinezon
doktersjas (de)	халат	χalat

32. Kleding. Ondergoed

ondergoed (het)	ич кийим	itʃ kijim
herenslip (de)	эркектер чолок дамбалы	erkekter tʃolok dambalı
slipjes (mv.)	аялдар трусиги	ajaldar trusigi
onderhemd (het)	майка	majka
sokken (mv.)	байпак	bajpak
nachthemd (het)	жатаарда кийүүчү көйнөк	dʒataarda kijyytʃy køjnøk
beha (de)	бюстгальтер	bʉstgalʲter
kniekousen (mv.)	гольфы	golʲfı
panty (de)	колготки	kolgotki
nylonkousen (mv.)	байпак	bajpak
badpak (het)	купальник	kupalʲnik

33. Hoofddeksels

hoed (de)	топу	topu
deukhoed (de)	шляпа	ʃlʲapa
honkbalpet (de)	бейсболка	bejsbolka
kleppet (de)	кепка	kepka
baret (de)	берет	beret
kap (de)	капюшон	kapʉʃon
panamahoed (de)	панамка	panamka
gebreide muts (de)	токулган шапка	tokulgan ʃapka
hoofddoek (de)	жоолук	dʒooluk
dameshoed (de)	шляпа	ʃlʲapa
veiligheidshelm (de)	каска	kaska
veldmuts (de)	пилотка	pilotka
helm, valhelm (de)	шлем	ʃlem
bolhoed (de)	котелок	kotelok
hoge hoed (de)	цилиндр	tsılindr

34. Schoeisel

schoeisel (het)	бут кийим	but kijim
schoenen (mv.)	ботинка	botinka
vrouwenschoenen (mv.)	туфли	tufli
laarzen (mv.)	өтүк	øtyk
pantoffels (mv.)	тапочка	tapotʃka
sportschoenen (mv.)	кроссовка	krossovka
sneakers (mv.)	кеды	kedı
sandalen (mv.)	сандалии	sandalii
schoenlapper (de)	өтүкчү	øtyktʃy
hiel (de)	така	taka

paar (een ~ schoenen)	түгөй	tygøj
veter (de)	боо	boo
rijgen (schoenen ~)	боолоо	booloo
schoenlepel (de)	кашык	kaʃik
schoensmeer (de/het)	өтүк май	øtyk maj

35. Textiel. Weefsel

katoen (de/het)	пахта	paχta
katoenen (bn)	пахтадан	paχtadan
vlas (het)	зыгыр	zıgır
vlas-, van vlas (bn)	зыгырдан	zıgırdan
zijde (de)	жибек	dʒibek
zijden (bn)	жибек	dʒibek
wol (de)	жүн	dʒyn
wollen (bn)	жүндөн	dʒyndøn
fluweel (het)	баркыт	barkıt
suède (de)	күдөрү	kydøry
ribfluweel (het)	чий баркыт	tʃij barkıt
nylon (de/het)	нейлон	nejlon
nylon-, van nylon (bn)	нейлон	nejlon
polyester (het)	полиэстер	poliester
polyester- (abn)	полиэстер	poliester
leer (het)	булгаары	bulgaarı
leren (van leer gemaak)	булгаары	bulgaarı
bont (het)	тери	teri
bont- (abn)	тери	teri

36. Persoonlijke accessoires

handschoenen (mv.)	колкап	kolkap
wanten (mv.)	мээлей	meelej
sjaal (fleece ~)	моюн орогуч	mojun orogutʃ
bril (de)	көз айнек	køz ajnek
brilmontuur (het)	алкак	alkak
paraplu (de)	чатырча	tʃatırtʃa
wandelstok (de)	аса таяк	asa tajak
haarborstel (de)	тарак	tarak
waaier (de)	желпингич	dʒelpingitʃ
das (de)	галстук	galstuk
strikje (het)	галстук-бабочка	galstuk-babotʃka
bretels (mv.)	шым тарткыч	ʃim tartkıtʃ
zakdoek (de)	бетаарчы	betaartʃı
kam (de)	тарак	tarak
haarspeldje (het)	чачсайгы	tʃatʃsajgı

schuifspeldje (het)	шпилька	ʃpilʲka
gesp (de)	таралга	taralga

broekriem (de)	кайыш кур	kajıʃ kur
draagriem (de)	илгич	ilgitʃ

handtas (de)	колбаштык	kolbaʃtık
damestas (de)	кичине колбаштык	kitʃine kolbaʃtık
rugzak (de)	жонбаштык	dʒonbaʃtık

37. Kleding. Diversen

mode (de)	мода	moda
de mode (bn)	саркеч	sarketʃ
kledingstilist (de)	модельер	modeljer

kraag (de)	жака	dʒaka
zak (de)	чөнтөк	tʃøntøk
zak- (abn)	чөнтөк	tʃøntøk
mouw (de)	жең	dʒeŋ
lusje (het)	илгич	ilgitʃ
gulp (de)	ширинка	ʃirinka

rits (de)	молния	molnija
sluiting (de)	топчулук	toptʃuluk
knoop (de)	топчу	toptʃu
knoopsgat (het)	илмек	ilmek
losraken (bijv. knopen)	үзүлүү	yzylyy

naaien (kleren, enz.)	тигүү	tigyy
borduren (ww)	сайма саюу	sajma sajɥu
borduursel (het)	сайма	sajma
naald (de)	ийне	ijne
draad (de)	жип	dʒip
naad (de)	тигиш	tigiʃ

vies worden (ww)	булгап алуу	bulgap aluu
vlek (de)	так	tak
gekreukt raken (ov. kleren)	бырышып калуу	bırıʃıp kaluu
scheuren (ov.ww.)	айрылуу	ajrıluu
mot (de)	күбө	kybø

38. Persoonlijke verzorging. Schoonheidsmiddelen

tandpasta (de)	тиш пастасы	tiʃ pastası
tandenborstel (de)	тиш щёткасы	tiʃ ʃtʃʲotkası
tanden poetsen (ww)	тиш жуу	tiʃ dʒuu

scheermes (het)	устара	ustara
scheerschuim (het)	кырынуу үчүн көбүк	kırınuu ytʃyn købyk
zich scheren (ww)	кырынуу	kırınuu
zeep (de)	самын	samın

shampoo (de)	шампунь	ʃampunʲ
schaar (de)	кайчы	kajtʃı
nagelvijl (de)	тырмак өгөө	tırmak øgøø
nagelknipper (de)	тырмак кычкачы	tırmak kıtʃkatʃı
pincet (het)	искек	iskek
cosmetica (mv.)	упа-эндик	upa-endik
masker (het)	маска	maska
manicure (de)	маникюр	manikʉr
manicure doen	маникюр жасоо	manikdʒʉr dʒasoo
pedicure (de)	педикюр	pedikʉr
cosmetica tasje (het)	косметичка	kosmetitʃka
poeder (de/het)	упа	upa
poederdoos (de)	упа кутусу	upa kutusu
rouge (de)	эндик	endik
parfum (de/het)	атыр	atır
eau de toilet (de)	туалет атыр суусу	tualet atır suusu
lotion (de)	лосьон	losʲon
eau de cologne (de)	одеколон	odekolon
oogschaduw (de)	көз боёгу	køz bojogu
oogpotlood (het)	көз карандашы	køz karandaʃı
mascara (de)	кирпик үчүн боек	kirpik ytʃyn boek
lippenstift (de)	эрин помадасы	erin pomadası
nagellak (de)	тырмак үчүн лак	tırmak ytʃyn lak
haarlak (de)	чач үчүн лак	tʃatʃ ytʃyn lak
deodorant (de)	дезодорант	dezodorant
crème (de)	крем	krem
gezichtscrème (de)	бетмай	betmaj
handcrème (de)	кол үчүн май	kol ytʃyn maj
antirimpelcrème (de)	бырыштарга каршы бет май	bırıʃtarga karʃı bet maj
dagcrème (de)	күндүзгү бет май	kyndyzgy bet maj
nachtcrème (de)	түнкү бет май	tynky bet maj
dag- (abn)	күндүзгү	kyndyzgy
nacht- (abn)	түнкү	tynky
tampon (de)	тампон	tampon
toiletpapier (het)	даарат кагазы	daarat kagazı
föhn (de)	фен	fen

39. Juwelen

sieraden (mv.)	зер буюмдар	zer bujʉmdar
edel (bijv. ~ stenen)	баалуу	baaluu
keurmerk (het)	проба	proba
ring (de)	шакек	ʃakek
trouwring (de)	нике шакеги	nike ʃakegi
armband (de)	билерик	bilerik

oorringen (mv.)	сөйкө	søjkø
halssnoer (het)	шуру	ʃuru
kroon (de)	таажы	taadӡı
kralen snoer (het)	мончок	montʃok

diamant (de)	бриллиант	brilliant
smaragd (de)	зымырыт	zımırıt
robijn (de)	лаал	laal
saffier (de)	сапфир	sapfir
parel (de)	бермет	bermet
barnsteen (de)	янтарь	jantarʲ

40. Horloges. Klokken

polshorloge (het)	кол саат	kol saat
wijzerplaat (de)	циферблат	tsiferblat
wijzer (de)	жебе	dӡebe
metalen horlogeband (de)	браслет	braslet
horlogebandje (het)	кайыш кур	kajıʃ kur

batterij (de)	батарейка	batarejka
leeg zijn (ww)	зарядканын түгөнүүсү	zarʲadkanın tygønyysy
batterij vervangen	батарейка алмаштыруу	batarejka almaʃtıruu
voorlopen (ww)	алдыга кетүү	aldıga ketyy
achterlopen (ww)	калуу	kaluu

wandklok (de)	дубалга тагуучу саат	dubalga taguutʃu saat
zandloper (de)	кум саат	kum saat
zonnewijzer (de)	күн саат	kyn saat
wekker (de)	ойготкуч саат	ojgotkutʃ saat
horlogemaker (de)	саат устасы	saat ustası
repareren (ww)	оңдоо	oŋdoo

Voedsel. Voeding

41. Voedsel

vlees (het)	эт	et
kip (de)	тоок	took
kuiken (het)	балапан	balapan
eend (de)	өрдөк	ørdøk
gans (de)	каз	kaz
wild (het)	илбээсин	ilbeesin
kalkoen (de)	күрп	kyrp
varkensvlees (het)	чочко эти	tʃotʃko eti
kalfsvlees (het)	торпок эти	torpok eti
schapenvlees (het)	кой эти	koj eti
rundvlees (het)	уй эти	uj eti
konijnenvlees (het)	коен	koen
worst (de)	колбаса	kolbasa
saucijs (de)	сосиска	sosiska
spek (het)	бекон	bekon
ham (de)	ветчина	vettʃina
gerookte achterham (de)	сан эт	san et
paté (de)	паштет	paʃtet
lever (de)	боор	boor
gehakt (het)	фарш	farʃ
tong (de)	тил	til
ei (het)	жумуртка	dʒumurtka
eieren (mv.)	жумурткалар	dʒumurtkalar
eiwit (het)	жумуртканын агы	dʒumurtkanın agı
eigeel (het)	жумуртканын сарысы	dʒumurtkanın sarısı
vis (de)	балык	balık
zeevruchten (mv.)	деңиз азыктары	deŋiz azıktarı
schaaldieren (mv.)	рак сыяктуулар	rak sıjaktuular
kaviaar (de)	урук	uruk
krab (de)	краб	krab
garnaal (de)	креветка	krevetka
oester (de)	устрица	ustritsa
langoest (de)	лангуст	langust
octopus (de)	сегиз бут	segiz but
inktvis (de)	кальмар	kalʲmar
steur (de)	осетрина	osetrina
zalm (de)	лосось	lososʲ
heilbot (de)	палтус	paltus
kabeljauw (de)	треска	treska

makreel (de)	скумбрия	skumbrija
tonijn (de)	тунец	tunets
paling (de)	угорь	ugorʲ
forel (de)	форель	forelʲ
sardine (de)	сардина	sardina
snoek (de)	чортон	tʃorton
haring (de)	сельдь	selʲdʲ
brood (het)	нан	nan
kaas (de)	сыр	sɯr
suiker (de)	кум шекер	kum-ʃeker
zout (het)	туз	tuz
rijst (de)	күрүч	kyrytʃ
pasta (de)	макарон	makaron
noedels (mv.)	кесме	kesme
boter (de)	ак май	ak maj
plantaardige olie (de)	өсүмдүк майы	øsymdyk majɯ
zonnebloemolie (de)	күн карама майы	kyn karama majɯ
margarine (de)	маргарин	margarin
olijven (mv.)	зайтун	zajtun
olijfolie (de)	зайтун майы	zajtun majɯ
melk (de)	сүт	syt
gecondenseerde melk (de)	коютулган сүт	kojʉtulgan syt
yoghurt (de)	йогурт	jogurt
zure room (de)	сметана	smetana
room (de)	каймак	kajmak
mayonaise (de)	майонез	majonez
crème (de)	крем	krem
graan (het)	акшак	akʃak
meel (het), bloem (de)	ун	un
conserven (mv.)	консерва	konserva
maïsvlokken (mv.)	жарылган жүгөрү	dʒarɯlgan dʒygøry
honing (de)	бал	bal
jam (de)	джем, конфитюр	dʒem, konfitʉr
kauwgom (de)	сагыз	sagɯz

42. Drankjes

water (het)	суу	suu
drinkwater (het)	ичүүчү суу	itʃyytʃy suu
mineraalwater (het)	минерал суусу	mineral suusu
zonder gas	газсыз	gazsɯz
koolzuurhoudend (bn)	газдалган	gazdalgan
bruisend (bn)	газы менен	gazɯ menen
ijs (het)	муз	muz

met ijs	музу менен	muzu menen
alcohol vrij (bn)	алкоголсуз	alkogolsuz
alcohol vrije drank (de)	алкоголсуз ичимдик	alkogolsuz itʃimdik
frisdrank (de)	суусундук	suusunduk
limonade (de)	лимонад	limonad
alcoholische dranken (mv.)	спирт ичимдиктери	spirt itʃimdikteri
wijn (de)	шарап	ʃarap
witte wijn (de)	ак шарап	ak ʃarap
rode wijn (de)	кызыл шарап	kɪzɪl ʃarap
likeur (de)	ликёр	likʲor
champagne (de)	шампан	ʃampan
vermout (de)	вермут	vermut
whisky (de)	виски	viski
wodka (de)	арак	arak
gin (de)	джин	dʒin
cognac (de)	коньяк	konjak
rum (de)	ром	rom
koffie (de)	кофе	kofe
zwarte koffie (de)	кара кофе	kara kofe
koffie (de) met melk	сүттөлгөн кофе	syttølgøn kofe
cappuccino (de)	капучино	kaputʃino
oploskoffie (de)	эрүүчү кофе	eryytʃy kofe
melk (de)	сүт	syt
cocktail (de)	коктейль	koktejlʲ
milkshake (de)	сүт коктейли	syt koktejli
sap (het)	шире	ʃire
tomatensap (het)	томат ширеси	tomat ʃiresi
sinaasappelsap (het)	апельсин ширеси	apelʲsin ʃiresi
vers geperst sap (het)	түз сыгылып алынган шире	tyz sɪgɪlɪp alɪngan ʃire
bier (het)	сыра	sɪra
licht bier (het)	ачык сыра	atʃɪk sɪra
donker bier (het)	коңур сыра	koŋur sɪra
thee (de)	чай	tʃaj
zwarte thee (de)	кара чай	kara tʃaj
groene thee (de)	жашыл чай	dʒaʃɪl tʃaj

43. Groenten

groenten (mv.)	жашылча	dʒaʃɪltʃa
verse kruiden (mv.)	көк чөп	køk tʃøp
tomaat (de)	помидор	pomidor
augurk (de)	бадыраң	badɪraŋ
wortel (de)	сабиз	sabiz
aardappel (de)	картошка	kartoʃka

ui (de)	пияз	pijaz
knoflook (de)	сарымсак	sarımsak
kool (de)	капуста	kapusta
bloemkool (de)	гүлдүү капуста	gyldyy kapusta
spruitkool (de)	брюссель капустасы	brusselʲ kapustası
broccoli (de)	брокколи капустасы	brokkoli kapustası
rode biet (de)	кызылча	kızıltʃa
aubergine (de)	баклажан	bakladʒan
courgette (de)	кабачок	kabatʃok
pompoen (de)	ашкабак	aʃkabak
raap (de)	шалгам	ʃalgam
peterselie (de)	петрушка	petruʃka
dille (de)	укроп	ukrop
sla (de)	салат	salat
selderij (de)	сельдерей	selʲderej
asperge (de)	спаржа	spardʒa
spinazie (de)	шпинат	ʃpinat
erwt (de)	нокот	nokot
bonen (mv.)	буурчак	buurtʃak
maïs (de)	жүгөрү	dʒygøry
nierboon (de)	төө буурчак	tøø buurtʃak
peper (de)	таттуу перец	tattuu perets
radijs (de)	шалгам	ʃalgam
artisjok (de)	артишок	artiʃok

44. Vruchten. Noten

vrucht (de)	мөмө	mømø
appel (de)	алма	alma
peer (de)	алмурут	almurut
citroen (de)	лимон	limon
sinaasappel (de)	апельсин	apelʲsin
aardbei (de)	кулпунай	kulpunaj
mandarijn (de)	мандарин	mandarin
pruim (de)	кара өрүк	kara øryk
perzik (de)	шабдаалы	ʃabdaalı
abrikoos (de)	өрүк	øryk
framboos (de)	дан куурай	dan kuuraj
ananas (de)	ананас	ananas
banaan (de)	банан	banan
watermeloen (de)	арбуз	arbuz
druif (de)	жүзүм	dʒyzym
zure kers (de)	алча	altʃa
zoete kers (de)	гилас	gilas
meloen (de)	коон	koon
grapefruit (de)	грейпфрут	grejpfrut
avocado (de)	авокадо	avokado

papaja (de)	папайя	papaja
mango (de)	манго	mango
granaatappel (de)	анар	anar

rode bes (de)	кызыл карагат	kızıl karagat
zwarte bes (de)	кара карагат	kara karagat
kruisbes (de)	крыжовник	krıdʒovnik
blauwe bosbes (de)	кара моюл	kara mojʉl
braambes (de)	кара бүлдүркөн	kara byldyrkøn

rozijn (de)	мейиз	mejiz
vijg (de)	анжир	andʒir
dadel (de)	курма	kurma

pinda (de)	арахис	araχis
amandel (de)	бадам	badam
walnoot (de)	жаңгак	dʒaŋgak
hazelnoot (de)	токой жаңгагы	tokoj dʒaŋgagı
kokosnoot (de)	кокос жаңгагы	kokos dʒaŋgagı
pistaches (mv.)	мисте	miste

45. Brood. Snoep

suikerbakkerij (de)	кондитер азыктары	konditer azıktarı
brood (het)	нан	nan
koekje (het)	печенье	petʃenje

chocolade (de)	шоколад	ʃokolad
chocolade- (abn)	шоколаддан	ʃokoladdan
snoepje (het)	конфета	konfeta
cakeje (het)	пирожное	pirodʒnoe
taart (bijv. verjaardags~)	торт	tort

| pastei (de) | пирог | pirog |
| vulling (de) | начинка | natʃinka |

confituur (de)	кыям	kıjam
marmelade (de)	мармелад	marmelad
wafel (de)	вафли	vafli
ijsje (het)	бал муздак	bal muzdak
pudding (de)	пудинг	puding

46. Bereide gerechten

gerecht (het)	тамак	tamak
keuken (bijv. Franse ~)	даам	daam
recept (het)	тамак жасоо ыкмасы	tamak dʒasoo ıkması
portie (de)	порция	portsija

salade (de)	салат	salat
soep (de)	сорпо	sorpo
bouillon (de)	ынак сорпо	ınak sorpo

| boterham (de) | бутерброд | buterbrod |
| spiegelei (het) | куурулган жумуртка | kuurulgan dʒumurtka |

| hamburger (de) | гамбургер | gamburger |
| biefstuk (de) | бифштекс | bifʃteks |

garnering (de)	гарнир	garnir
spaghetti (de)	спагетти	spagetti
aardappelpuree (de)	эзилген картошка	ezilgen kartoʃka
pizza (de)	пицца	pitsa
pap (de)	ботко	botko
omelet (de)	омлет	omlet

gekookt (in water)	сууга бышырылган	suuga bıʃırılgan
gerookt (bn)	ышталган	ıʃtalgan
gebakken (bn)	куурулган	kuurulgan
gedroogd (bn)	кургатылган	kurgatılgan
diepvries (bn)	тоңдурулган	toŋdurulgan
gemarineerd (bn)	маринаддагы	marinaddagı

zoet (bn)	таттуу	tattuu
gezouten (bn)	туздуу	tuzduu
koud (bn)	муздак	muzdak
heet (bn)	ысык	ısık
bitter (bn)	ачуу	atʃuu
lekker (bn)	даамдуу	daamduu

koken (in kokend water)	кайнатуу	kajnatuu
bereiden (avondmaaltijd ~)	тамак бышыруу	tamak bıʃıruu
bakken (ww)	кууруу	kuuruu
opwarmen (ww)	жылытуу	dʒılıtuu

zouten (ww)	туздоо	tuzdoo
peperen (ww)	калемпир кошуу	kalempir koʃuu
raspen (ww)	сүргүлөө	syrgyløø
schil (de)	сырты	sırtı
schillen (ww)	тазалоо	tazaloo

47. Kruiden

zout (het)	туз	tuz
gezouten (bn)	туздуу	tuzduu
zouten (ww)	туздоо	tuzdoo

zwarte peper (de)	кара мурч	kara murtʃ
rode peper (de)	кызыл калемпир	kızıl kalempir
mosterd (de)	горчица	gortʃitsa
mierikswortel (de)	хрен	χren

condiment (het)	татымал	tatımal
specerij, kruiderij (de)	татымал	tatımal
saus (de)	соус	sous
azijn (de)	уксус	uksus
anijs (de)	анис	anis

basilicum (de)	райхон	rajχon
kruidnagel (de)	гвоздика	gvozdika
gember (de)	имбирь	imbir'
koriander (de)	кориандр	koriandr
kaneel (de/het)	корица	koritsa

sesamzaad (het)	кунжут	kundʒut
laurierblad (het)	лавр жалбырагы	lavr dʒalbıragı
paprika (de)	паприка	paprika
komijn (de)	зира	zira
saffraan (de)	заапаран	zaaparan

48. Maaltijden

| eten (het) | тамак | tamak |
| eten (ww) | тамактануу | tamaktanuu |

ontbijt (het)	таңкы тамак	taŋkı tamak
ontbijten (ww)	эртең менен тамактануу	erteŋ menen tamaktanuu
lunch (de)	түшкү тамак	tyʃky tamak
lunchen (ww)	түштөнүү	tyʃtønyy
avondeten (het)	кечки тамак	ketʃki tamak
souperen (ww)	кечки тамакты ичүү	ketʃki tamaktı itʃyy

| eetlust (de) | табит | tabit |
| Eet smakelijk! | Тамагыңыз таттуу болсун! | tamagıŋız tattuu bolsun! |

openen (een fles ~)	ачуу	atʃuu
morsen (koffie, enz.)	төгүп алуу	tøgyp aluu
zijn gemorst	төгүлүү	tøgylyy
koken (water kookt bij 100°C)	кайноо	kajnoo
koken (Hoe om water te ~)	кайнатуу	kajnatuu
gekookt (~ water)	кайнатылган	kajnatılgan
afkoelen (koeler maken)	суутуу	suutuu
afkoelen (koeler worden)	сууп туруу	suup turuu

| smaak (de) | даам | daam |
| nasmaak (de) | даамдануу | daamdanuu |

volgen een dieet	арыктоо	arıktoo
dieet (het)	мүнөз тамак	mynøz tamak
vitamine (de)	витамин	vitamin
calorie (de)	калория	kalorija
vegetariër (de)	эттен чанган	etten tʃangan
vegetarisch (bn)	этсиз даярдалган	etsiz dajardalgan

vetten (mv.)	майлар	majlar
eiwitten (mv.)	белоктор	beloktor
koolhydraten (mv.)	көмүрсуулар	kømyrsuular

snede (de)	кесим	kesim
stuk (bijv. een ~ taart)	бөлүк	bølyk
kruimel (de)	күкүм	kykym

49. Tafelschikking

lepel (de)	кашык	kaʃık
mes (het)	бычак	bıtʃak
vork (de)	вилка	vilka
kopje (het)	чөйчөк	tʃøjtʃøk
bord (het)	табак	tabak
schoteltje (het)	табак	tabak
servet (het)	майлык	majlık
tandenstoker (de)	тиш чукугуч	tiʃ tʃukugutʃ

50. Restaurant

restaurant (het)	ресторан	restoran
koffiehuis (het)	кофекана	kofekana
bar (de)	бар	bar
tearoom (de)	чай салону	tʃaj salonu
kelner, ober (de)	официант	ofitsiant
serveerster (de)	официант кыз	ofitsiant kız
barman (de)	бармен	barmen
menu (het)	меню	menʉ
wijnkaart (de)	шарап картасы	ʃarap kartası
een tafel reserveren	столду камдык буйрутмалоо	stoldu kamdık bujrutmaloo
gerecht (het)	тамак	tamak
bestellen (eten ~)	буйрутма кылуу	bujrutma kıluu
een bestelling maken	буйрутма берүү	bujrutma beryy
aperitief (de/het)	аперитив	aperitiv
voorgerecht (het)	ысылык	ısılık
dessert (het)	десерт	desert
rekening (de)	эсеп	esep
de rekening betalen	эсеп төлөө	esep tøløø
wisselgeld teruggeven	майда акчаны кайтаруу	majda aktʃanı kajtaruu
fooi (de)	чайпул	tʃajpul

Familie, verwanten en vrienden

51. Persoonlijke informatie. Formulieren

naam (de)	аты	atı
achternaam (de)	фамилиясы	familijası
geboortedatum (de)	төрөлгөн күнү	tørølgøn kyny
geboorteplaats (de)	туулган жери	tuulgan dʒeri
nationaliteit (de)	улуту	ulutu
woonplaats (de)	жашаган жери	dʒaʃagan dʒeri
land (het)	өлкө	ølkø
beroep (het)	кесиби	kesibi
geslacht (ov. het vrouwelijk ~)	жынысы	dʒınısı
lengte (de)	бою	bojʉ
gewicht (het)	салмак	salmak

52. Familieleden. Verwanten

moeder (de)	эне	ene
vader (de)	ата	ata
zoon (de)	уул	uul
dochter (de)	кыз	kız
jongste dochter (de)	кичүү кыз	kitʃyy kız
jongste zoon (de)	кичүү уул	kitʃyy uul
oudste dochter (de)	улуу кыз	uluu kız
oudste zoon (de)	улуу уул	uluu uul
broer (de)	бир тууган	bir tuugan
oudere broer (de)	байке	bajke
jongere broer (de)	ини	ini
zuster (de)	бир тууган	bir tuugan
oudere zuster (de)	эже	edʒe
jongere zuster (de)	синди	siŋdi
neef (zoon van oom, tante)	атасы же энеси бир тууган	atası dʒe enesi bir tuugan
nicht (dochter van oom, tante)	атасы же энеси бир тууган	atası dʒe enesi bir tuugan
mama (de)	апа	apa
papa (de)	ата	ata
ouders (mv.)	ата-эне	ata-ene
kind (het)	бала	bala
kinderen (mv.)	балдар	baldar

oma (de)	чоң апа	ʧoŋ apa
opa (de)	чоң ата	ʧoŋ ata
kleinzoon (de)	небере бала	nebere bala
kleindochter (de)	небере кыз	nebere kız
kleinkinderen (mv.)	небөрелер	nebereler

oom (de)	таяке	tajake
tante (de)	таяже	tajadʒe
neef (zoon van broer, zus)	ини	ini
nicht (dochter van broer, zus)	жээн	dʒeen

schoonmoeder (de)	кайын эне	kajın ene
schoonvader (de)	кайын ата	kajın ata
schoonzoon (de)	күйөө бала	kyjøø bala
stiefmoeder (de)	өгөй эне	øgøj ene
stiefvader (de)	өгөй ата	øgøj ata

zuigeling (de)	эмчектеги бала	emʧektegi bala
wiegenkind (het)	ымыркай	ımırkaj
kleuter (de)	бөбөк	bøbøk

vrouw (de)	аял	ajal
man (de)	эр	er
echtgenoot (de)	күйөө	kyjøø
echtgenote (de)	зайып	zajıp

gehuwd (mann.)	аялы бар	ajalı bar
gehuwd (vrouw.)	күйөөдө	kyjøødø
ongehuwd (mann.)	бойдок	bojdok
vrijgezel (de)	бойдок	bojdok
gescheiden (bn)	ажырашкан	adʒıraʃkan
weduwe (de)	жесир	dʒesir
weduwnaar (de)	жесир	dʒesir

familielid (het)	тууган	tuugan
dichte familielid (het)	жакын тууган	dʒakın tuugan
verre familielid (het)	алыс тууган	alıs tuugan
familieleden (mv.)	бир тууган	bir tuugan

wees (de), weeskind (het)	жетим	dʒetim
voogd (de)	камкорчу	kamkorʧu
adopteren (een jongen te ~)	уул кылып асырап алуу	uul kılıp asırap aluu
adopteren (een meisje te ~)	кыз кылып асырап алуу	kız kılıp asırap aluu

53. Vrienden. Collega's

vriend (de)	дос	dos
vriendin (de)	курбу	kurbu
vriendschap (de)	достук	dostuk
bevriend zijn (ww)	достошуу	dostoʃuu

makker (de)	шерик	ʃerik
vriendin (de)	шерик кыз	ʃerik kız
partner (de)	өнөктөш	ønøktøʃ

chef (de)	башчы	baʃʧı
baas (de)	башчы	baʃʧı
eigenaar (de)	кожоюн	kodʒodʒun
ondergeschikte (de)	кол астындагы	kol astındagı
collega (de)	кесиптеш	kesipteʃ

kennis (de)	тааныш	taanıʃ
medereiziger (de)	жолдош	dʒoldoʃ
klasgenoot (de)	классташ	klasstaʃ

buurman (de)	кошуна	koʃuna
buurvrouw (de)	кошуна	koʃuna
buren (mv.)	кошуналар	koʃunalar

54. Man. Vrouw

vrouw (de)	аял	ajal
meisje (het)	кыз	kız
bruid (de)	колукту	koluktu

mooi(e) (vrouw, meisje)	сулуу	suluu
groot, grote (vrouw, meisje)	бою узун	boju uzun
slank(e) (vrouw, meisje)	сымбаттуу	sımbattuu
korte, kleine (vrouw, meisje)	орто бойлуу	orto bojluu

| blondine (de) | ак саргыл чачтуу | ak sargıl ʧaʧtuu |
| brunette (de) | кара чачтуу | kara ʧaʧtuu |

dames- (abn)	аялдардын	ajaldardın
maagd (de)	эркек көрө элек кыз	erkek kørø elek kız
zwanger (bn)	кош бойлуу	koʃ bojluu
man (de)	эркек	erkek
blonde man (de)	ак саргыл чачтуу	ak sargıl ʧaʧtuu
bruinharige man (de)	кара чачтуу	kara ʧaʧtuu
groot (bn)	бийик бойлуу	bijik bojluu
klein (bn)	орто бойлуу	orto bojluu

onbeleefd (bn)	орой	oroj
gedrongen (bn)	жапалдаш бой	dʒapaldaʃ boj
robuust (bn)	чымыр	ʧımır
sterk (bn)	күчтүү	kyʧtyy
sterkte (de)	күч	kyʧ

mollig (bn)	толук	toluk
getaand (bn)	кара тору	kara toru
slank (bn)	сымбаттуу	sımbattuu
elegant (bn)	жарашып кийинген	dʒaraʃıp kijingen

55. Leeftijd

| leeftijd (de) | жаш | dʒaʃ |
| jeugd (de) | жаштык | dʒaʃtık |

jong (bn)	жаш	dʒaʃ
jonger (bn)	кичүү	kitʃyy
ouder (bn)	улуу	uluu

jongen (de)	улан	ulan
tiener, adolescent (de)	өспүрүм	øspyrym
kerel (de)	жигит	dʒigit

| oude man (de) | абышка | abıʃka |
| oude vrouw (de) | кемпир | kempir |

volwassen (bn)	чоң киши	tʃoŋ kiʃi
van middelbare leeftijd (bn)	орто жаш	orto dʒaʃ
bejaard (bn)	жашап калган	dʒaʃap kalgan
oud (bn)	картаң	kartaŋ

pensioen (het)	баиракы	baarakı
met pensioen gaan	ардактуу эс алууга чыгуу	ardaktuu es aluuga tʃıguu
gepensioneerde (de)	баиргер	baarger

56. Kinderen

kind (het)	бала	bala
kinderen (mv.)	балдар	baldar
tweeling (de)	эгиздер	egizder

wieg (de)	бешик	beʃik
rammelaar (de)	шырылдак	ʃırıldak
luier (de)	жалаяк	dʒalajak

speen (de)	упчу	uptʃu
kinderwagen (de)	бешик араба	beʃik araba
kleuterschool (de)	бала бакча	bala baktʃa
babysitter (de)	бала баккыч	bala bakkıtʃ

kindertijd (de)	балалык	balalık
pop (de)	куурчак	kuurtʃak
speelgoed (het)	оюнчук	ojɵntʃuk
bouwspeelgoed (het)	конструктор	konstruktor
welopgevoed (bn)	тарбия көргөн	tarbija kørgøn
onopgevoed (bn)	жетесиз	dʒetesiz
verwend (bn)	эрке	erke

stout zijn (ww)	тентектик кылуу	tentektik kıluu
stout (bn)	тентек	tentek
stoutheid (de)	шоктук, тентектик	ʃoktuk, tentektik
stouterd (de)	тентек	tentek

| gehoorzaam (bn) | элпек | elpek |
| ongehoorzaam (bn) | тил албас | til albas |

braaf (bn)	зээндүү	zeendyy
slim (verstandig)	акылдуу	akılduu
wonderkind (het)	вундеркинд	vunderkind

57. Gehuwde paren. Gezinsleven

kussen (een kus geven)	өбүү	øbyy
elkaar kussen (ww)	өбүшүү	øbyʃyy
gezin (het)	үй-бүлө	yj-bylø
gezins- (abn)	үй-бүлөлүү	yj-bylølyy
paar (het)	эрди-катын	erdi-katın
huwelijk (het)	нике	nike
thuis (het)	үй очогу	yj otʃogu
dynastie (de)	династия	dinastija
date (de)	жолугушуу	dʒoluguʃuu
zoen (de)	өбүү	øbyy
liefde (de)	сүйүү	syjyy
liefhebben (ww)	сүйүү	syjyy
geliefde (bn)	жакшы көргөн	dʒakʃı kørgøn
tederheid (de)	назиктик	naziktik
teder (bn)	назик	nazik
trouw (de)	берилгендик	berilgendik
trouw (bn)	ишенимдүү	iʃenimdyy
zorg (bijv. bejaarden~)	кам көрүү	kam køryy
zorgzaam (bn)	камкор	kamkor
jonggehuwden (mv.)	жаңы үйлөнүшкөндөр	dʒaŋı yjlønyʃkøndør
wittebroodsweken (mv.)	таттуулашуу	tattuulaʃuu
trouwen (vrouw)	күйөөгө чыгуу	kyjøøgø tʃıguu
trouwen (man)	аял алуу	ajal aluu
bruiloft (de)	үйлөнүү той	yjlønyy toy
gouden bruiloft (de)	алтын үлпөт той	altın ylpøt toj
verjaardag (de)	жылдык	dʒıldık
minnaar (de)	ойнош	ojnoʃ
minnares (de)	ойнош	ojnoʃ
overspel (het)	көзгө чөп салуу	køzgø tʃøp saluu
overspel plegen (ww)	көзгө чөп салуу	køzgø tʃøp saluu
jaloers (bn)	кызгануу	kızganuu
jaloers zijn (echtgenoot, enz.)	кызгануу	kızganuu
echtscheiding (de)	ажырашуу	adʒıraʃuu
scheiden (ww)	ажырашуу	adʒıraʃuu
ruzie hebben (ww)	урушуу	uruʃuu
vrede sluiten (ww)	жарашуу	dʒaraʃuu
samen (bw)	бирге	birge
seks (de)	жыныстык катнаш	dʒınıstık katnaʃ
geluk (het)	бакыт	bakıt
gelukkig (bn)	бактылуу	baktıluu
ongeluk (het)	кырсык	kırsık
ongelukkig (bn)	бактысыз	baktısız

Karakter. Gevoelens. Emoties

58. Gevoelens. Emoties

gevoel (het)	сезим	sezim
gevoelens (mv.)	сезим	sezim
voelen (ww)	сезүү	sezyy
honger (de)	ачка болуу	atʃka boluu
honger hebben (ww)	ачка болуу	atʃka boluu
dorst (de)	чаңкоо	tʃaŋkoo
dorst hebben	суусап калуу	suusap kaluu
slaperigheid (de)	уйкусу келүү	ujkusu kelyy
willen slapen	уйкусу келүү	ujkusu kelyy
moeheid (de)	чарчоо	tʃartʃoo
moe (bn)	чарчаңкы	tʃartʃaŋkı
vermoeid raken (ww)	чарчоо	tʃartʃoo
stemming (de)	көңүл	køŋyl
verveling (de)	зеригүү	zerigyy
zich vervelen (ww)	зеригүү	zerigyy
afzondering (de)	элден качуу	elden katʃuu
zich afzonderen (ww)	элден качуу	elden katʃuu
bezorgd maken	көңүлүн бөлүү	køŋylyn bølyy
bezorgd zijn (ww)	сарсанаа болуу	sarsanaa boluu
zorg (bijv. geld~en)	кабатырлануу	kabatırlanuu
ongerustheid (de)	чочулоо	tʃotʃuloo
ongerust (bn)	бушайман	buʃajman
zenuwachtig zijn (ww)	тынчы кетүү	tıntʃı ketyy
in paniek raken	дүрбөлөңгө түшүү	dyrbøløŋgø tyʃyy
hoop (de)	үмүт	ymyt
hopen (ww)	үмүттөнүү	ymyttønyy
zekerheid (de)	ишенимдүүлүк	iʃenimdyylyk
zeker (bn)	ишеничтүү	iʃenitʃtyy
onzekerheid (de)	ишенбегендик	iʃenbegendik
onzeker (bn)	ишенбеген	iʃenbegen
dronken (bn)	мас	mas
nuchter (bn)	соо	soo
zwak (bn)	бошоң	boʃoŋ
gelukkig (bn)	бактылуу	baktıluu
doen schrikken (ww)	жүрөгүн түшүрүү	dʒyrøgyn tyʃyryy
toorn (de)	жинденүү	dʒindenyy
woede (de)	жаалдануу	dʒaaldanuu
depressie (de)	көңүлү чөгүү	køŋyly tʃøgyy
ongemak (het)	ыңгайсыз	ıŋgajsız

gemak, comfort (het)	ыңгайлуу	ıŋgajluu
spijt hebben (ww)	өкүнүү	økynyy
spijt (de)	өкүнүп калуу	økynyp kaluu
pech (de)	жолу болбоо	dʒolu bolboo
bedroefdheid (de)	капалануу	kapalanuu

schaamte (de)	уят	ujat
pret (de), plezier (het)	кубаныч	kubanıtʃ
enthousiasme (het)	ынта менен	ınta menen
enthousiasteling (de)	ынтызар	ıntızar
enthousiasme vertonen	ынтасын көрсөтүү	ıntasın kørsøtyy

59. Karakter. Persoonlijkheid

karakter (het)	мүнөз	mynøz
karakterfout (de)	кемчилик	kemtʃilik
verstand (het)	эс-акыл	es-akıl
rede (de)	акыл	akıl

geweten (het)	абийир	abijir
gewoonte (de)	адат	adat
bekwaamheid (de)	жөндөм	dʒøndøm
kunnen (bijv., ~ zwemmen)	билүү	bilyy

geduldig (bn)	көтөрүмдүү	køtørymdyy
ongeduldig (bn)	чыдамы жок	tʃıdamı dʒok
nieuwsgierig (bn)	ынтызар	ıntızar
nieuwsgierigheid (de)	кызыгуучулук	kızıguutʃuluk

bescheidenheid (de)	жөнөкөйлүк	dʒønøkøjlyk
bescheiden (bn)	жөнөкөй	dʒønøkøj
onbescheiden (bn)	чекилик	tʃekilik

luiheid (de)	жалкоолук	dʒalkooluk
lui (bn)	жалкоо	dʒalkoo
luiwammes (de)	эринчээк	erintʃeek

sluwheid (de)	куулук	kuuluk
sluw (bn)	куу	kuu
wantrouwen (het)	ишенбөөчүлүк	iʃenbøøtʃylyk
wantrouwig (bn)	ишенбеген	iʃenbegen

gulheid (de)	берешендик	bereʃendik
gul (bn)	берешен	bereʃen
talentrijk (bn)	зээндүү	zeendyy
talent (het)	талант	talant

moedig (bn)	кайраттуу	kajrattuu
moed (de)	кайрат	kajrat
eerlijk (bn)	чынчыл	tʃıntʃıl
eerlijkheid (de)	чынчылдык	tʃıntʃıldık

voorzichtig (bn)	сак	sak
manhaftig (bn)	тайманбас	tajmanbas

| ernstig (bn) | оор басырыктуу | oor basırıktuu |
| streng (bn) | сүрдүү | syrdyy |

resoluut (bn)	чечкиндүү	tʃetʃkindyy
onzeker, irresoluut (bn)	чечкинсиз	tʃetʃkinsiz
schuchter (bn)	тартынчаак	tartıntʃaak
schuchterheid (de)	жүрөкзаада	dʒyrøkzaada

vertrouwen (het)	ишеним артуу	iʃenim artuu
vertrouwen (ww)	ишенүү	iʃenyy
goedgelovig (bn)	ишенчээк	iʃentʃeek

oprecht (bw)	чын жүрөктөн	tʃın dʒyrøktøn
oprecht (bn)	ак ниеттен	ak nietten
oprechtheid (de)	ак ниеттүүлүк	ak niettyylyk
open (bn)	ачык	atʃık

rustig (bn)	жоош	dʒooʃ
openhartig (bn)	ачык	atʃık
naïef (bn)	ишенчээк	iʃentʃeek
verstrooid (bn)	унутчаак	unuttʃaak
leuk, grappig (bn)	кызык	kızık

gierigheid (de)	ач көздүк	atʃ køzdyk
gierig (bn)	сараң	saraŋ
inhalig (bn)	сараң	saraŋ
kwaad (bn)	каардуу	kaarduu
koppig (bn)	көк	køk
onaangenaam (bn)	жагымсыз	dʒagımsız

egoïst (de)	өзүмчүл	øzymtʃyl
egoïstisch (bn)	өзүмчүл	øzymtʃyl
lafaard (de)	суу жүрөк	suu dʒyrøk
laf (bn)	суу жүрөк	suu dʒyrøk

60. Slaap. Dromen

slapen (ww)	уктоо	uktoo
slaap (in ~ vallen)	уйку	ujku
droom (de)	түш	tyʃ
dromen (in de slaap)	түш көрүү	tyʃ køryy
slaperig (bn)	уйкусураган	ujkusuragan

bed (het)	керебет	kerebet
matras (de)	матрас	matras
deken (de)	жууркан	dʒuurkan
kussen (het)	жаздык	dʒazdık
laken (het)	шейшеп	ʃejʃep

slapeloosheid (de)	уйкусуздук	ujkusuzduk
slapeloos (bn)	уйкусуз	ujkusuz
slaapmiddel (het)	уйку дарысы	ujku darısı
slaapmiddel innemen	уйку дарысын ичүү	ujku darısın itʃyy
willen slapen	уйкусу келүү	ujkusu kelyy

geeuwen (ww)	эстөө	estøø
gaan slapen	уктоого кетүү	uktoogo ketyy
het bed opmaken	төшөк салуу	tøʃøk saluu
inslapen (ww)	уктап калуу	uktap kaluu
nachtmerrie (de)	коркунучтуу түш	korkunuʧtuu tyʃ
gesnurk (het)	коңурук	koŋuruk
snurken (ww)	коңурук тартуу	koŋuruk tartuu
wekker (de)	ойготкуч саат	ojgotkuʧ saat
wekken (ww)	ойготуу	ojgotuu
wakker worden (ww)	ойгонуу	ojgonuu
opstaan (ww)	төшөктөн туруу	tøʃøktøn turuu
zich wassen (ww)	бети-колду жуу	beti-koldu ʤuu

61. Humor. Gelach. Blijdschap

humor (de)	күлкү салуу	kylky saluu
gevoel (het) voor humor	тамашага чалуу	tamaʃaga ʧaluu
plezier hebben (ww)	көңүл ачуу	køŋyl aʧuu
vrolijk (bn)	көңүлдүү	køŋyldyy
pret (de), plezier (het)	көңүлдүүлүк	køŋyldyylyk
glimlach (de)	жылмайыш	ʤılmajıʃ
glimlachen (ww)	жылмаюу	ʤılmaʤuu
beginnen te lachen (ww)	күлүп жиберүү	kylyp ʤiberyy
lachen (ww)	күлүү	kylyy
lach (de)	күлкү	kylky
mop (de)	күлкүлүү окуя	kylkylyy okuja
grappig (een ~ verhaal)	күлкүлүү	kylkylyy
grappig (~e clown)	кызык	kızık
grappen maken (ww)	тамашалоо	tamaʃaloo
grap (de)	тамаша	tamaʃa
blijheid (de)	кубаныч	kubanıʧ
blij zijn (ww)	кубануу	kubanuu
blij (bn)	кубанычтуу	kubanıʧtuu

62. Discussie, conversatie. Deel 1

communicatie (de)	баарлашуу	baarlaʃuu
communiceren (ww)	баарлашуу	baarlaʃuu
conversatie (de)	сүйлөшүү	syjløʃyy
dialoog (de)	маек	maek
discussie (de)	талкуу	talkuu
debat (het)	талаш	talaʃ
debatteren, twisten (ww)	талашуу	talaʃuu
gesprekspartner (de)	аңгемелешкен	aŋgemeleʃken
thema (het)	тема	tema

standpunt (het)	көз караш	køz karaʃ
mening (de)	ой-пикир	oj-pikir
toespraak (de)	сөз	søz

bespreking (de)	талкуу	talkuu
bespreken (spreken over)	талкуулоо	talkuuloo
gesprek (het)	маек	maek
spreken (converseren)	маектешүү	maekteʃyy
ontmoeting (de)	жолугушуу	dʒoluguʃuu
ontmoeten (ww)	жолугушуу	dʒoluguʃuu

spreekwoord (het)	макал-лакап	makal-lakap
gezegde (het)	лакап	lakap
raadsel (het)	табышмак	tabıʃmak
een raadsel opgeven	табышмак айтуу	tabıʃmak ajtuu
wachtwoord (het)	сырсөз	sırsøz
geheim (het)	сыр	sır

eed (de)	ант	ant
zweren (een eed doen)	ант берүү	ant beryy
belofte (de)	убада	ubada
beloven (ww)	убада берүү	ubada beryy

advies (het)	кеңеш	keŋeʃ
adviseren (ww)	кеңеш берүү	keŋeʃ beryy
advies volgen (iemands ~)	кеңешин жолдоо	keŋeʃin dʒoldoo
luisteren (gehoorzamen)	угуу	uguu

nieuws (het)	жаңылык	dʒaŋılık
sensatie (de)	дүң салуу	dyŋ saluu
informatie (de)	маалымат	maalımat
conclusie (de)	корутунду	korutundu
stem (de)	үн	yn
compliment (het)	мактоо	maktoo
vriendelijk (bn)	сылык	sılık

woord (het)	сөз	søz
zin (de), zinsdeel (het)	сүйлөм	syjløm
antwoord (het)	жооп	dʒoop

| waarheid (de) | чындык | tʃındık |
| leugen (de) | жалган | dʒalgan |

gedachte (de)	ой	oj
idee (de/het)	ой	oj
fantasie (de)	ойдон чыгаруу	ojdon tʃıgaruu

63. Discussie, conversatie. Deel 2

gerespecteerd (bn)	урматтуу	urmattuu
respecteren (ww)	сыйлоо	sijloo
respect (het)	урмат	urmat
Geachte ... (brief)	Урматтуу ...	urmattuu ...
voorstellen (Mag ik jullie ~)	тааныштыруу	taanıʃtıruu

kennismaken (met ...)	таанышуу	taanıʃuu
intentie (de)	ниет	niet
intentie hebben (ww)	ниеттенүү	niettenyy
wens (de)	каалоо	kaaloo
wensen (ww)	каалоо айтуу	kaaloo ajtuu
verbazing (de)	таңгалыч	taŋgalıtʃ
verbazen (verwonderen)	таң калтыруу	taŋ kaltıruu
verbaasd zijn (ww)	таң калуу	taŋ kaluu
geven (ww)	берүү	beryy
nemen (ww)	алуу	aluu
teruggeven (ww)	кайтарып берүү	kajtarıp beryy
retourneren (ww)	кайра берүү	kajra beryy
zich verontschuldigen	кечирим суроо	ketʃirim suroo
verontschuldiging (de)	кечирим	ketʃirim
vergeven (ww)	кечирүү	ketʃiryy
spreken (ww)	сүйлөшүү	syjløʃyy
luisteren (ww)	угуу	uguu
aanhoren (ww)	кулак салуу	kulak saluu
begrijpen (ww)	түшүнүү	tyʃynyy
tonen (ww)	көрсөтүү	kørsøtyy
kijken naar ...	... кароо	... karoo
roepen (vragen te komen)	чакыруу	tʃakıruu
afleiden (storen)	тынчын алуу	tıntʃin aluu
storen (lastigvallen)	тынчын алуу	tıntʃin aluu
doorgeven (ww)	узатып коюу	uzatıp kojʉu
verzoek (het)	сураныч	suranıtʃ
verzoeken (ww)	суроо	suroo
eis (de)	талап	talap
eisen (met klem vragen)	талап кылуу	talap kıluu
beledigen (beledigende namen geven)	кыжырына тийүү	kıdʒırına tijyy
uitlachen (ww)	шылдыңдоо	ʃildıŋdoo
spot (de)	шылдың	ʃildıŋ
bijnaam (de)	лакап ат	lakap at
zinspeling (de)	кыйытма	kıjıtma
zinspelen (ww)	кыйытып айтуу	kıjıtıp aytuu
impliceren (duiden op)	билдирүү	bildiryy
beschrijving (de)	сүрөттөө	syrøttøø
beschrijven (ww)	сүрөттөп берүү	syrøttøp beryy
lof (de)	алкыш	alkıʃ
loven (ww)	мактоо	maktoo
teleurstelling (de)	көңүлү калуу	køŋyly kaluu
teleurstellen (ww)	көңүлүн калтыруу	køŋylyn kaltıruu
teleurgesteld zijn (ww)	көңүл калуу	køŋyl kaluu
veronderstelling (de)	божомол	bodʒomol
veronderstellen (ww)	божомолдоо	bodʒomoldoo

waarschuwing (de)	эскертүү	eskertyy
waarschuwen (ww)	эскертүү	eskertyy

64. Discussie, conversatie. Deel 3

aanpraten (ww)	көндүрүү	køndyryy
kalmeren (kalm maken)	тынчтандыруу	tıntʃtandıruu

stilte (de)	жымжырт	dʒımdʒırt
zwijgen (ww)	унчукпоо	untʃukpoo
fluisteren (ww)	шыбыроо	ʃibıroo
gefluister (het)	шыбыр	ʃibır

open, eerlijk (bw)	ачык айтканда	atʃık ajtkanda
volgens mij ...	менин оюмча ...	menin ojɵmtʃa ...

detail (het)	ийне-жиби	ijne-dʒibi
gedetailleerd (bn)	тетиктелген	tetiktelgen
gedetailleerd (bw)	тетикке чейин	tetikke tʃejin

hint (de)	четин чыгаруу	tʃetin tʃıgaruu
een hint geven	четин чыгаруу	tʃetin tʃıgaruu

blik (de)	көз	køz
een kijkje nemen	карап коюу	karap kojɵu
strak (een ~ke blik)	тиктеген	tiktegen
knipperen (ww)	көз ирмөө	køz irmøø
knipogen (ww)	көз кысуу	køz kısuu
knikken (ww)	баш ийкөө	baʃ ijkøø

zucht (de)	дем чыгаруу	dem tʃıgaruu
zuchten (ww)	дем алуу	dem aluu
huiveren (ww)	селт этүү	selt etyy
gebaar (het)	жаңсоо	dʒaŋsoo
aanraken (ww)	тийип кетүү	tijip ketyy
grijpen (ww)	кармоо	karmoo
een schouderklopje geven	таптоо	taptoo

Kijk uit!	Абайлагыла!	abajlagıla!
Echt?	Чын элеби?!	tʃın elebi?!
Bent je er zeker van?	Жаңылган жоксуңбу?	dʒaŋılgan dʒoksuŋbu?
Succes!	Ийгилик!	ijgilik!
Juist, ja!	Түшүнүктүү!	tyʃynyktyy!
Wat jammer!	Кап!	kap!

65. Overeenstemming. Weigering

instemming (het)	макулдук	makulduk
instemmen (akkoord gaan)	макул болуу	makul boluu
goedkeuring (de)	колдоо	koldoo
goedkeuren (ww)	колдоо	koldoo
weigering (de)	баш тартуу	baʃ tartuu

weigeren (ww)	баш тартуу	baʃ tartuu
Geweldig!	Эң жакшы!	eŋ dʒakʃı!
Goed!	Жакшы!	dʒakʃı!
Akkoord!	Макул!	makul!

verboden (bn)	тыюу салынган	tıjuu salıngan
het is verboden	болбойт	bolbojt
het is onmogelijk	мүмкүн эмес	mymkyn emes
onjuist (bn)	туура эмес	tuura emes

afwijzen (ww)	четке кагуу	tʃetke kaguu
steunen	колдоо	koldoo
(een goed doel, enz.)		
aanvaarden (excuses ~)	кабыл алуу	kabıl aluu

bevestigen (ww)	ырастоо	ırastoo
bevestiging (de)	ырастоо	ırastoo
toestemming (de)	уруксат	uruksat
toestaan (ww)	уруксат берүү	uruksat beryy
beslissing (de)	чечим	tʃetʃim
z'n mond houden (ww)	үнчукпоо	untʃukpoo

voorwaarde (de)	шарт	ʃart
smoes (de)	шылтоо	ʃıltoo
lof (de)	алкыш	alkıʃ
loven (ww)	мактоо	maktoo

66. Succes. Veel geluk. Mislukking

succes (het)	ийгилик	ijgilik
succesvol (bw)	ийгиликтүү	ijgiliktyy
succesvol (bn)	ийгиликтүү	ijgiliktyy

geluk (het)	жол болуу	dʒol boluu
Succes!	Ийгилик!	ijgilik!
geluks- (bn)	ийгиликтүү	ijgiliktyy
gelukkig (fortuinlijk)	жолу бар	dʒolu bar

mislukking (de)	жолу болбостук	dʒolu bolbostuk
tegenslag (de)	жолу болбостук	dʒolu bolbostuk
pech (de)	жолу болбоо	dʒolu bolboo
zonder succes (bn)	жолу болбогон	dʒolu bolbogon
catastrofe (de)	киши көрбөсүн	kiʃi kørbøsyn

fierheid (de)	сыймык	sıjmık
fier (bn)	көтөрүнгөн	køtøryngøn
fier zijn (ww)	сыймыктануу	sıjmıktanuu

winnaar (de)	жеңүүчү	dʒeŋyytʃy
winnen (ww)	жеңүү	dʒeŋyy
verliezen (ww)	жеңилүү	dʒeŋilyy
poging (de)	аракет	araket
pogen, proberen (ww)	аракет кылуу	araket kıluu
kans (de)	мүмкүнчүлүк	mymkyntʃylyk

67. Ruzies. Negatieve emoties

schreeuw (de)	кыйкырык	kıjkırık
schreeuwen (ww)	кыйкыруу	kıjkıruu
beginnen te schreeuwen	кыйкырып алуу	kıjkırıp aluu

ruzie (de)	уруш	uruʃ
ruzie hebben (ww)	урушуу	uruʃuu
schandaal (het)	чатак	tʃatak
schandaal maken (ww)	чатакташуу	tʃataktaʃuu
conflict (het)	чыр-чатак	tʃır-tʃatak
misverstand (het)	түшүнбөстүк	tyʃynbøstyk

belediging (de)	кордоо	kordoo
beledigen (met scheldwoorden)	кемсинтүү	kemsintyy
beledigd (bn)	катуу тийген	katuu tijgen
krenking (de)	таарыныч	taarınıtʃ
krenken (beledigen)	көңүлгө тийүү	køŋylgø tijyy
gekwetst worden (ww)	таарынып калуу	taarınıp kaluu

verontwaardiging (de)	нааразылык	naarazılık
verontwaardigd zijn (ww)	нааразы болуу	naarazı boluu
klacht (de)	арыз	arız
klagen (ww)	арыздануу	arızdanuu

verontschuldiging (de)	кечирим	ketʃirim
zich verontschuldigen	кечирим суроо	ketʃirim suroo
excuus vragen	кечирим суроо	ketʃirim suroo

kritiek (de)	сын-пикир	sın-pikir
bekritiseren (ww)	сындоо	sındoo
beschuldiging (de)	айыптоо	ajıptoo
beschuldigen (ww)	айыптоо	ajıptoo

wraak (de)	өч алуу	øtʃ aluu
wreken (ww)	өч алуу	øtʃ aluu

minachting (de)	киши катары көрбөө	kiʃi katarı kørbøø
minachten (ww)	киши катарына албоо	kiʃi katarına alboo
haat (de)	жек көрүү	dʒek køryy
haten (ww)	жек көрүү	dʒek køryy

zenuwachtig (bn)	тынчы кеткен	tıntʃı ketken
zenuwachtig zijn (ww)	тынчы кетүү	tıntʃı ketyy
boos (bn)	ачууланган	atʃuulangan
boos maken (ww)	ачуусун келтирүү	atʃuusun keltiryy

vernedering (de)	кемсинтүү	kemsintyy
vernederen (ww)	кемсинтүү	kemsintyy
zich vernederen (ww)	байкуш болуу	bajkuʃ boluu

schok (de)	дендирөө	dendirøø
schokken (ww)	дендиретүү	dendiretyy
onaangenaamheid (de)	жагымсыз жагдай	dʒagımsız dʒagdaj

onaangenaam (bn)	жагымсыз	dʒagımsız
vrees (de)	коркунуч	korkunutʃ
vreselijk (bijv. ~ onweer)	каардуу	kaarduu
eng (bn)	коркунучтуу	korkunutʃtuu
gruwel (de)	үрөй учуу	yrøj utʃuu
vreselijk (~ nieuws)	үрөй учуруу	yrøj utʃuruu
beginnen te beven	калтырап баштоо	kaltırap baʃtoo
huilen (wenen)	ыйлоо	ıjloo
beginnen te huilen (wenen)	ыйлап жиберүү	ıjlap dʒiberyy
traan (de)	көз жаш	køz dʒaʃ
schuld (~ geven aan)	күнөө	kynøø
schuldgevoel (het)	күнөө сезими	kynøø sezimi
schande (de)	уят	ujat
protest (het)	нааразылык	naarazılık
stress (de)	бушайман болуу	buʃajman boluu
storen (lastigvallen)	тынчын алуу	tıntʃın aluu
kwaad zijn (ww)	жини келүү	dʒini kelyy
kwaad (bn)	ачуулуу	atʃuuluu
beëindigen (een relatie ~)	токтотуу	toktotuu
vloeken (ww)	урушуу	uruʃuu
schrikken (schrik krijgen)	чоочуу	tʃootʃuu
slaan (iemand ~)	уруу	uruu
vechten (ww)	мушташуу	muʃtaʃuu
regelen (conflict)	жөндөө	dʒøndøø
ontevreden (bn)	нааразы	naarazı
woedend (bn)	жаалданган	dʒaaldangan
Dat is niet goed!	Бул жакшы эмес!	bul dʒakʃı emes!
Dat is slecht!	Бул жаман!	bul dʒaman!

Geneeskunde

68. Ziekten

ziekte (de)	оору	ooru
ziek zijn (ww)	ооруу	ooruu
gezondheid (de)	ден-соолук	den-sooluk
snotneus (de)	мурдунан суу агуу	murdunan suu aguu
angina (de)	ангина	angina
verkoudheid (de)	суук тийүү	suuk tijyy
verkouden raken (ww)	суук тийгизип алуу	suuk tijgizip aluu
bronchitis (de)	бронхит	bronχit
longontsteking (de)	кабыргадан сезгенүү	kabırgadan sezgenyy
griep (de)	сасык тумоо	sasık tumoo
bijziend (bn)	алыстан көрө албоо	alıstan kørø alboo
verziend (bn)	жакындан көрө албоо	dʒakından kørø alboo
scheelheid (de)	кылый көздүүлүк	kılıj køzdyylyk
scheel (bn)	кылый көздүүлүк	kılıj køzdyylyk
grauwe staar (de)	челкөз	tʃelkøz
glaucoom (het)	глаукома	glaukoma
beroerte (de)	мээге кан куюлуу	meege kan kujuluu
hartinfarct (het)	инфаркт	infarkt
myocardiaal infarct (het)	инфаркт миокарда	infarkt miokarda
verlamming (de)	шал	ʃal
verlammen (ww)	шал болуу	ʃal boluu
allergie (de)	аллергия	allergija
astma (de/het)	астма	astma
diabetes (de)	диабет	diabet
tandpijn (de)	тиш оорусу	tiʃ oorusu
tandbederf (het)	кариес	karies
diarree (de)	ич өткү	itʃ øtky
constipatie (de)	ич катуу	itʃ katuu
maagstoornis (de)	ич бузулгандык	itʃ buzulgandık
voedselvergiftiging (de)	уулануу	uulanuu
voedselvergiftiging oplopen	уулануу	uulanuu
artritis (de)	артрит	artrit
rachitis (de)	итий	itij
reuma (het)	кызыл жүгүрүк	kızıl dʒygyryk
arteriosclerose (de)	атеросклероз	ateroskleroz
gastritis (de)	карын сезгенүүсу	karın sezgenyysu
blindedarmontsteking (de)	аппендицит	appenditsit

galblaasontsteking (de)	холецистит	χoletsistit
zweer (de)	жара	dʒara
mazelen (mv.)	кызылча	kızıltʃa
rodehond (de)	кызамык	kızamık
geelzucht (de)	сарык	sarık
leverontsteking (de)	гепатит	gepatit
schizofrenie (de)	шизофрения	ʃizofrenija
dolheid (de)	кутурма	kuturma
neurose (de)	невроз	nevroz
hersenschudding (de)	мээнин чайкалышы	meenin tʃajkalıʃı
kanker (de)	рак	rak
sclerose (de)	склероз	skleroz
multiple sclerose (de)	жайылган склероз	dʒajılgan skleroz
alcoholisme (het)	аракечтик	araketʃtik
alcoholicus (de)	аракеч	araketʃ
syfilis (de)	котон жара	koton dʒara
AIDS (de)	СПИД	spid
tumor (de)	шишик	ʃiʃik
kwaadaardig (bn)	залалдуу	zalalduu
goedaardig (bn)	залалсыз	zalalsız
koorts (de)	безгек	bezgek
malaria (de)	безгек	bezgek
gangreen (het)	кабыз	kabız
zeeziekte (de)	деңиз оорусу	deŋiz oorusu
epilepsie (de)	талма	talma
epidemie (de)	эпидемия	epidemija
tyfus (de)	келте	kelte
tuberculose (de)	кургак учук	kurgak utʃuk
cholera (de)	холера	χolera
pest (de)	кара тумоо	kara tumoo

69. Symptomen. Behandelingen. Deel 1

symptoom (het)	белги	belgi
temperatuur (de)	дене табынын көтөрүлүшү	dene tabının køtørylyʃy
verhoogde temperatuur (de)	жогорку температура	dʒogorku temperatura
polsslag (de)	тамыр кагышы	tamır kagıʃı
duizeling (de)	баш айлануу	baʃ ajlanuu
heet (erg warm)	ысык	ısık
koude rillingen (mv.)	чыйрыгуу	tʃijrıguu
bleek (bn)	купкуу	kupkuu
hoest (de)	жөтөл	dʒøtøl
hoesten (ww)	жөтөлүү	dʒøtølyy
niezen (ww)	чүчкүрүү	tʃytʃkyryy

flauwte (de)	эси оо	esi oo
flauwvallen (ww)	эси ооп жыгылуу	esi oop dʒıgıluu
blauwe plek (de)	көк-ала	køk-ala
buil (de)	шишик	ʃiʃik
zich stoten (ww)	урунуп алуу	urunup aluu
kneuzing (de)	көгөртүп алуу	køgørtyp aluu
kneuzen (gekneusd zijn)	көгөртүп алуу	køgørtyp aluu
hinken (ww)	аксоо	aksoo
verstuiking (de)	муундун чыгып кетүүсү	muundun tʃıgıp ketyysy
verstuiken (enkel, enz.)	чыгарып алуу	tʃıgarıp aluu
breuk (de)	сынуу	sınuu
een breuk oplopen	сындырып алуу	sındırıp aluu
snijwond (de)	кесилген жер	kesilgen dʒer
zich snijden (ww)	кесип алуу	kesip aluu
bloeding (de)	кан кетүү	kan ketyy
brandwond (de)	күйүк	kyjyk
zich branden (ww)	күйгүзүп алуу	kyjgyzyp aluu
prikken (ww)	саюу	sajɵu
zich prikken (ww)	сайып алуу	sajıp aluu
blesseren (ww)	кокустатып алуу	kokustatıp aluu
blessure (letsel)	кокустатып алуу	kokustatıp aluu
wond (de)	жара	dʒara
trauma (het)	жаракат	dʒarakat
ijlen (ww)	жөлүү	dʒølyy
stotteren (ww)	кекечтенүү	keketʃtenyy
zonnesteek (de)	күн өтүү	kyn øtyy

70. Symptomen. Behandelingen. Deel 2

pijn (de)	оору	ooru
splinter (de)	тикен	tiken
zweet (het)	тер	ter
zweten (ww)	тердөө	terdøø
braking (de)	кусуу	kusuu
stuiptrekkingen (mv.)	тарамыш карышуусу	taramıʃ karıʃuusu
zwanger (bn)	кош бойлуу	koʃ bojluu
geboren worden (ww)	төрөлүү	tørølyy
geboorte (de)	төрөт	tørøt
baren (ww)	төрөө	tørøø
abortus (de)	бойдон түшүрүү	bojdon tyʃyryy
ademhaling (de)	дем алуу	dem aluu
inademing (de)	дем алуу	dem aluu
uitademing (de)	дем чыгаруу	dem tʃıgaruu
uitademen (ww)	дем чыгаруу	dem tʃıgaruu
inademen (ww)	дем алуу	dem aluu

invalide (de)	майып	majıp
gehandicapte (de)	мунжу	mundʒu
drugsverslaafde (de)	баңги	baŋgi

doof (bn)	дүлөй	dyløj
stom (bn)	дудук	duduk
doofstom (bn)	дудук	duduk

krankzinnig (bn)	жин тийген	dʒin tijgen
krankzinnige (man)	жинди чалыш	dʒindi tʃalıʃ
krankzinnige (vrouw)	жинди чалыш	dʒindi tʃalıʃ
krankzinnig worden	мээси айныган	meesi ajnıgan

gen (het)	ген	gen
immuniteit (de)	иммунитет	immunitet
erfelijk (bn)	тукум куучулук	tukum kuutʃuluk
aangeboren (bn)	тубаса	tubasa

virus (het)	вирус	virus
microbe (de)	микроб	mikrob
bacterie (de)	бактерия	bakterija
infectie (de)	жугуштуу илдет	dʒuguʃtuu ildet

71. Symptomen. Behandelingen. Deel 3

| ziekenhuis (het) | оорукана | oorukana |
| patiënt (de) | бейтап | bejtap |

diagnose (de)	дарт аныктоо	dart anıktoo
genezing (de)	дарылоо	darıloo
medische behandeling (de)	дарылоо	darıloo
onder behandeling zijn	дарылануу	darılanuu
behandelen (ww)	дарылоо	darıloo
zorgen (zieken ~)	кароо	karoo
ziekenzorg (de)	кароо	karoo

operatie (de)	операция	operatsija
verbinden (een arm ~)	жараны таңуу	dʒaranı taŋuu
verband (het)	таңуу	taŋuu

vaccin (het)	эмдөө	emdøø
inenten (vaccineren)	эмдөө	emdøø
injectie (de)	ийне салуу	ijne saluu
een injectie geven	ийне сайдыруу	ijne sajdıruu

aanval (de)	оору кармап калуу	ooru karmap kaluu
amputatie (de)	кесүү	kesyy
amputeren (ww)	кесип таштоо	kesip taʃtoo
coma (het)	кома	koma
in coma liggen	комада болуу	komada boluu
intensieve zorg, ICU (de)	реанимация	reanimatsija

| zich herstellen (ww) | сакаюу | sakajuu |
| toestand (de) | абал | abal |

bewustzijn (het)	эсинде	esinde
geheugen (het)	эс тутум	es tutum
trekken (een kies ~)	тишти жулуу	tiʃti dʒuluu
vulling (de)	пломба	plomba
vullen (ww)	пломба салуу	plomba saluu
hypnose (de)	гипноз	gipnoz
hypnotiseren (ww)	гипноз кылуу	gipnoz kıluu

72. Artsen

dokter, arts (de)	доктур	doktur
ziekenzuster (de)	медсестра	medsestra
lijfarts (de)	жекелик доктур	dʒekelik doktur
tandarts (de)	тиш доктур	tiʃ doktur
oogarts (de)	көз доктур	køz doktur
therapeut (de)	терапевт	terapevt
chirurg (de)	хирург	χirurg
psychiater (de)	психиатр	psiχiatr
pediater (de)	педиатр	pediatr
psycholoog (de)	психолог	psiχolog
gynaecoloog (de)	гинеколог	ginekolog
cardioloog (de)	кардиолог	kardiolog

73. Geneeskunde. Medicijnen. Accessoires

geneesmiddel (het)	дары-дармек	darı-darmek
middel (het)	дары	darı
voorschrijven (ww)	жазып берүү	dʒazıp beryy
recept (het)	рецепт	retsept
tablet (de/het)	таблетка	tabletka
zalf (de)	май	maj
ampul (de)	ампула	ampula
drank (de)	аралашма	aralaʃma
siroop (de)	сироп	sirop
pil (de)	пилюля	pilulʲa
poeder (de/het)	күкүм	kykym
verband (het)	бинт	bint
watten (mv.)	пахта	paχta
jodium (het)	йод	jod
pleister (de)	лейкопластырь	lejkoplastırʲ
pipet (de)	дары тамызгыч	darı tamızgıtʃ
thermometer (de)	градусник	gradusnik
spuit (de)	шприц	ʃprits
rolstoel (de)	майып арабасы	majıp arabası
krukken (mv.)	колтук таяк	koltuk tajak

pijnstiller (de)	оору сездирбөөчү дары	ooru sezdirbøøʧy darı
laxeermiddel (het)	ич алдыруучу дары	iʧ aldıruuʧu darı
spiritus (de)	спирт	spirt
medicinale kruiden (mv.)	дары чөптөр	darı ʧøptør
kruiden- (abn)	чөп чайы	ʧøp ʧajı

74. Roken. Tabaksproducten

tabak (de)	тамеки	tameki
sigaret (de)	чылым	ʧılım
sigaar (de)	чылым	ʧılım
pijp (de)	трубка	trubka
pakje (~ sigaretten)	пачке	paʧke

lucifers (mv.)	ширеңке	ʃireŋke
luciferdoosje (het)	ширеңке кутусу	ʃireŋke kutusu
aansteker (de)	зажигалка	zaʤigalka
asbak (de)	күл салгыч	kyl salgıʧ
sigarettendoosje (het)	портсигар	portsigar

| sigarettenpijpje (het) | мундштук | mundʃtuk |
| filter (de/het) | фильтр | filʲtr |

roken (ww)	тамеки тартуу	tameki tartuu
een sigaret opsteken	күйгүзүп алуу	kyjgyzyp aluu
roken (het)	чылым чегүү	ʧılım ʧegyy
roker (de)	тамекичи	tamekiʧi

peuk (de)	чылым калдыгы	ʧılım kaldıgı
rook (de)	түтүн	tytyn
as (de)	күл	kyl

HET MENSELIJKE LEEFGEBIED

Stad

75. Stad. Het leven in de stad

stad (de)	шаар	ʃaar
hoofdstad (de)	борбор	borbor
dorp (het)	кыштак	kıʃtak
plattegrond (de)	шаардын планы	ʃaardın planı
centrum (ov. een stad)	шаардын борбору	ʃaardın borboru
voorstad (de)	шаардын чет жакасы	ʃaardın tʃet dʒakası
voorstads- (abn)	шаардын чет жакасындагы	ʃaardın tʃet dʒakasındagı
randgemeente (de)	чет-жака	tʃet-dʒaka
omgeving (de)	чет-жака	tʃet-dʒaka
blok (huizenblok)	квартал	kvartal
woonwijk (de)	турак-жай кварталы	turak-dʒaj kvartalı
verkeer (het)	көчө кыймылы	køtʃø kıjmılı
verkeerslicht (het)	светофор	svetofor
openbaar vervoer (het)	шаар транспорту	ʃaar transportu
kruispunt (het)	кесилиш	kesiliʃ
zebrapad (oversteekplaats)	жөө жүргүүчүлөр жолу	dʒøø dʒyryytʃylør dʒolu
onderdoorgang (de)	жер астындагы жол	dʒer astındagı dʒol
oversteken (de straat ~)	жолду өтүү	dʒoldu øtyy
voetganger (de)	жөө жүргүүчү	dʒøø dʒyryytʃy
trottoir (het)	жанжол	dʒandʒol
brug (de)	көпүрө	køpyrø
dijk (de)	жээк жол	dʒeek dʒol
fontein (de)	фонтан	fontan
allee (de)	аллея	alleja
park (het)	сейил багы	sejil bagı
boulevard (de)	бульвар	bulʲvar
plein (het)	аянт	ajant
laan (de)	проспект	prospekt
straat (de)	көчө	køtʃø
zijstraat (de)	чолок көчө	tʃolok køtʃø
doodlopende straat (de)	түюк көчө	tujuk køtʃø
huis (het)	үй	yj
gebouw (het)	имарат	imarat
wolkenkrabber (de)	көк тиреген көп кабаттуу үй	køk tiregen køp kabattuu yj

gevel (de)	үйдүн алды	yjdyn aldı
dak (het)	чатыр	tʃatır
venster (het)	терезе	tereze
boog (de)	түркүк	tyrkyk
pilaar (de)	мамы	mamı
hoek (ov. een gebouw)	бурч	burtʃ

vitrine (de)	көрсөтмө айнек үкөк	kørsøtmø ajnek ykøk
gevelreclame (de)	көрнөк	kørnøk
affiche (de/het)	афиша	afiʃa
reclameposter (de)	көрнөк-жарнак	kørnøk-dʒarnak
aanplakbord (het)	жарнамалык такта	dʒarnamalık takta

vuilnis (de/het)	таштанды	taʃtandı
vuilnisbak (de)	таштанды челек	taʃtandı tʃelek
afval weggooien (ww)	таштоо	taʃtoo
stortplaats (de)	таштанды үйүлгөн жер	taʃtandı yjylgøn dʒer

telefooncel (de)	телефон будкасы	telefon budkası
straatlicht (het)	чырак мамы	tʃırak mamı
bank (de)	отургуч	oturgutʃ

politieagent (de)	полиция кызматкери	politsija kızmatkeri
politie (de)	полиция	politsija
zwerver (de)	кайырчы	kajırtʃı
dakloze (de)	селсаяк	selsajak

76. Stedelijke instellingen

winkel (de)	дүкөн	dykøn
apotheek (de)	дарыкана	darıkana
optiek (de)	оптика	optika
winkelcentrum (het)	соода борбору	sooda borboru
supermarkt (de)	супермаркет	supermarket

bakkerij (de)	нан дүкөнү	nan dykøny
bakker (de)	навайчы	navajtʃı
banketbakkerij (de)	кондитердик дүкөн	konditerdik dykøn
kruidenier (de)	азык-түлүк	azık-tylyk
slagerij (de)	эт дүкөнү	et dykøny

groentewinkel (de)	жашылча дүкөнү	dʒaʃıltʃa dykøny
markt (de)	базар	bazar

koffiehuis (het)	кофекана	kofekana
restaurant (het)	ресторан	restoran
bar (de)	сыракана	sırakana
pizzeria (de)	пиццерия	pitserija

kapperssalon (de/het)	чач тарач	tʃatʃ taratʃ
postkantoor (het)	почта	potʃta
stomerij (de)	химиялык тазалоо	ximijalık tazaloo
fotostudio (de)	фотоателье	fotoatelje
schoenwinkel (de)	бут кийим дүкөнү	but kijim dykøny

| boekhandel (de) | китеп дүкөнү | kitep dykøny |
| sportwinkel (de) | спорт буюмдар дүкөнү | sport bujumdar dykøny |

kledingreparatie (de)	кийим ондоочу жай	kijim ondootʃu dʒaj
kledingverhuur (de)	кийимди ижарага берүү	kijimdi idʒaraga beryy
videotheek (de)	тасмаларды ижарага берүү	tasmalardı idʒaraga beryy

circus (de/het)	цирк	tsırk
dierentuin (de)	зоопарк	zoopark
bioscoop (de)	кинотеатр	kinoteatr
museum (het)	музей	muzej
bibliotheek (de)	китепкана	kitepkana

theater (het)	театр	teatr
opera (de)	опера	opera
nachtclub (de)	түнкү клуб	tynky klub
casino (het)	казино	kazino

moskee (de)	мечит	metʃit
synagoge (de)	синагога	sinagoga
kathedraal (de)	чоң чиркөө	tʃoŋ tʃirkøø
tempel (de)	ибадаткана	ibadatkana
kerk (de)	чиркөө	tʃirkøø

instituut (het)	коллеж	kolledʒ
universiteit (de)	университет	universitet
school (de)	мектеп	mektep

gemeentehuis (het)	префектура	prefektura
stadhuis (het)	мэрия	merija
hotel (het)	мейманкана	mejmankana
bank (de)	банк	bank

ambassade (de)	элчилик	eltʃilik
reisbureau (het)	турагенттиги	turagenttigi
informatieloket (het)	маалымат бюросу	maalımat burosu
wisselkantoor (het)	алмаштыруу пункту	almaʃtıruu punktu

| metro (de) | метро | metro |
| ziekenhuis (het) | оорукана | oorukana |

| benzinestation (het) | май куюучу станция | maj kujuutʃu stantsija |
| parking (de) | унаа токтоочу жай | unaa toktootʃu dʒaj |

77. Stedelijk vervoer

bus, autobus (de)	автобус	avtobus
tram (de)	трамвай	tramvaj
trolleybus (de)	троллейбус	trollejbus
route (de)	каттам	kattam
nummer (busnummer, enz.)	номер	nomer
rijden met ...	... жүрүү	... dʒyryy
stappen (in de bus ~)	... отуруу	... oturuu

afstappen (ww)	... түшүп калуу	... tyʃyp kaluu
halte (de)	аялдама	ajaldama
volgende halte (de)	кийинки аялдама	kijinki ajaldama
eindpunt (het)	акыркы аялдама	akırkı ajaldama
dienstregeling (de)	ырааттама	ıraattama
wachten (ww)	күтүү	kytyy

| kaartje (het) | билет | bilet |
| reiskosten (de) | билеттин баасы | bilettin baası |

kassier (de)	кассир	kassir
kaartcontrole (de)	текшерүү	tekʃeryy
controleur (de)	текшерүүчү	tekʃeryytʃy

te laat zijn (ww)	кечигүү	ketʃigyy
missen (de bus ~)	кечигип калуу	ketʃigip kaluu
zich haasten (ww)	шашуу	ʃaʃuu

taxi (de)	такси	taksi
taxichauffeur (de)	такси айдоочу	taksi ajdootʃu
met de taxi (bw)	таксиде	takside
taxistandplaats (de)	такси токтоочу жай	taksi toktootʃu dʒaj
een taxi bestellen	такси чакыруу	taksi tʃakıruu
een taxi nemen	такси кармоо	taksi karmoo

verkeer (het)	көчө кыймылы	køtʃø kıjmılı
file (de)	тыгын	tıgın
spitsuur (het)	кызуу маал	kızuu maal
parkeren (on.ww.)	токтотуу	toktotuu
parkeren (ov.ww.)	машинаны жайлаштыруу	maʃinanı dʒajlaʃtıruu
parking (de)	унаа токтоочу жай	unaa toktootʃu dʒaj

metro (de)	метро	metro
halte (bijv. kleine treinhalte)	бекет	beket
de metro nemen	метродо жүрүү	metrodo dʒyryy
trein (de)	поезд	poezd
station (treinstation)	вокзал	vokzal

78. Bezienswaardigheden

monument (het)	эстелик	estelik
vesting (de)	чеп	tʃep
paleis (het)	сарай	saraj
kasteel (het)	сепил	sepil
toren (de)	мунара	munara
mausoleum (het)	күмбөз	kymbøz

architectuur (de)	архитектура	arχitektura
middeleeuws (bn)	орто кылымдык	orto kılımdık
oud (bn)	байыркы	bajırkı
nationaal (bn)	улуттук	uluttuk
bekend (bn)	таанымал	taanımal
toerist (de)	турист	turist
gids (de)	гид	gid

rondleiding (de)	экскурсия	ekskursija
tonen (ww)	көрсөтүү	kørsøtyy
vertellen (ww)	айтып берүү	ajtıp beryy

vinden (ww)	табуу	tabuu
verdwalen (de weg kwijt zijn)	адашып кетүү	adaʃıp ketyy
plattegrond (~ van de metro)	схема	sхema
plattegrond (~ van de stad)	план	plan

souvenir (het)	асембелек	asembelek
souvenirwinkel (de)	асембелек дүкөнү	asembelek dykøny
foto's maken	сүрөткө тартуу	syrøtkø tartuu
zich laten fotograferen	сүрөткө түшүү	syrøtkø tyʃyy

79. Winkelen

kopen (ww)	сатып алуу	satıp aluu
aankoop (de)	сатып алуу	satıp aluu
winkelen (ww)	сатып алууга чыгуу	satıp aluuga ʧıguu
winkelen (het)	базарчылоо	bazarʧıloo

| open zijn (ov. een winkel, enz.) | иштөө | iʃtøø |
| gesloten zijn (ww) | жабылуу | dʒabıluu |

schoeisel (het)	бут кийим	but kijim
kleren (mv.)	кийим-кече	kijim-ketʃe
cosmetica (mv.)	упа-эндик	upa-endik
voedingswaren (mv.)	азык-түлүк	azık-tylyk
geschenk (het)	белек	belek

| verkoper (de) | сатуучу | satuuʧu |
| verkoopster (de) | сатуучу кыз | satuuʧu kız |

kassa (de)	касса	kassa
spiegel (de)	күзгү	kyzgy
toonbank (de)	прилавок	prilavok
paskamer (de)	кийим ченөөчү бөлмө	kijim ʧenøøʧy bølmø

aanpassen (ww)	кийим ченөө	kijim ʧenøø
passen (ov. kleren)	ылайык келүү	ılajık kelyy
bevallen (prettig vinden)	жактыруу	dʒaktıruu

prijs (de)	баа	baa
prijskaartje (het)	баа	baa
kosten (ww)	туруу	turuu
Hoeveel?	Канча?	kanʧa?
korting (de)	арзандатуу	arzandatuu

niet duur (bn)	кымбат эмес	kımbat emes
goedkoop (bn)	арзан	arzan
duur (bn)	кымбат	kımbat
Dat is duur.	Бул кымбат	bul kımbat
verhuur (de)	ижара	idʒara

huren (smoking, enz.)	ижарага алуу	idʒaraga aluu
krediet (het)	насыя	nasıja
op krediet (bw)	насыяга алуу	nasıjaga aluu

80. Geld

geld (het)	акча	aktʃa
ruil (de)	алмаштыруу	almaʃtıruu
koers (de)	курс	kurs
geldautomaat (de)	банкомат	bankomat
muntstuk (de)	тыйын	tıjın

| dollar (de) | доллар | dollar |
| euro (de) | евро | evro |

lire (de)	италиялык лира	italijalık lira
Duitse mark (de)	немис маркасы	nemis markası
frank (de)	франк	frank
pond sterling (het)	фунт стерлинг	funt sterling
yen (de)	йена	jena

schuld (geldbedrag)	карыз	karız
schuldenaar (de)	карыздар	karızdar
uitlenen (ww)	карызга берүү	karızga beryy
lenen (geld ~)	карызга алуу	karızga aluu

bank (de)	банк	bank
bankrekening (de)	эсеп	esep
storten (ww)	салуу	saluu
op rekening storten	эсепке акча салуу	esepke aktʃa saluu
opnemen (ww)	эсептен акча чыгаруу	esepten aktʃa tʃıgaruu

kredietkaart (de)	насыя картасы	nasıja kartası
baar geld (het)	накталай акча	naktalaj aktʃa
cheque (de)	чек	tʃek
een cheque uitschrijven	чек жазып берүү	tʃek dʒazıp beryy
chequeboekje (het)	чек китепчеси	tʃek kiteptʃesi

portefeuille (de)	намыян	namıjan
geldbeugel (de)	капчык	kaptʃık
safe (de)	сейф	sejf

erfgenaam (de)	мураскер	murasker
erfenis (de)	мурас	muras
fortuin (het)	мүлк	mylk

huur (de)	ижара	idʒara
huurprijs (de)	батир акысы	batir akısı
huren (huis, kamer)	батирге алуу	batirge aluu

prijs (de)	баа	baa
kostprijs (de)	баа	baa
som (de)	сумма	summa
uitgeven (geld besteden)	коротуу	korotuu

kosten (mv.)	чыгым	tʃɯgɯm
bezuinigen (ww)	үнөмдөө	ynømdøø
zuinig (bn)	сарамжал	saramdʒal

betalen (ww)	төлөө	tøløø
betaling (de)	акы төлөө	akɯ tøløø
wisselgeld (het)	кайтарылган майда акча	kajtarɯlgan majda aktʃa

belasting (de)	салык	salɯk
boete (de)	айып	ajɯp
beboeten (bekeuren)	айып пул салуу	ajɯp pul saluu

81. Post. Postkantoor

postkantoor (het)	почта	potʃta
post (de)	почта	potʃta
postbode (de)	кат ташуучу	kat taʃuutʃu
openingsuren (mv.)	иш сааттары	iʃ saattarɯ

brief (de)	кат	kat
aangetekende brief (de)	тапшырык кат	tapʃɯrɯk kat
briefkaart (de)	открытка	otkrɯtka
telegram (het)	телеграмма	telegramma
postpakket (het)	посылка	posɯlka
overschrijving (de)	акча которуу	aktʃa kotoruu

ontvangen (ww)	алуу	aluu
sturen (zenden)	жөнөтүү	dʒønøtyy
verzending (de)	жөнөтүү	dʒønøtyy

adres (het)	дарек	darek
postcode (de)	индекс	indeks
verzender (de)	жөнөтүүчү	dʒønøtyytʃy
ontvanger (de)	алуучу	aluutʃu

| naam (de) | аты | atɯ |
| achternaam (de) | фамилиясы | familijasɯ |

tarief (het)	тариф	tarif
standaard (bn)	жөнөкөй	dʒønøkøj
zuinig (bn)	үнөмдүү	ynømdyy

gewicht (het)	салмак	salmak
afwegen (op de weegschaal)	таразалоо	tarazaloo
envelop (de)	конверт	konvert
postzegel (de)	марка	marka
een postzegel plakken op	марка жабыштыруу	marka dʒabɯʃtɯruu

Woning. Huis. Thuis

82. Huis. Woning

huis (het)	үй	yj
thuis (bw)	үйүндө	yjyndø
cour (de)	эшик	eʃik
omheining (de)	тосмо	tosmo
baksteen (de)	кыш	kıʃ
van bakstenen	кыштан	kıʃtan
steen (de)	таш	taʃ
stenen (bn)	таш	taʃ
beton (het)	бетон	beton
van beton	бетон	beton
nieuw (bn)	жаңы	dʒaŋı
oud (bn)	эски	eski
vervallen (bn)	эскирген	eskirgen
modern (bn)	заманбап	zamanbap
met veel verdiepingen	көп кабаттуу	køp kabattuu
hoog (bn)	бийик	bijik
verdieping (de)	кабат	kabat
met een verdieping	бир кабаттуу	bir kabat
laagste verdieping (de)	ылдыйкы этаж	ıldıjkı etadʒ
bovenverdieping (de)	үстүңкү этаж	ystyŋky etadʒ
dak (het)	чатыр	tʃatır
schoorsteen (de)	мор	mor
dakpan (de)	чатыр карапа	tʃatır karapa
pannen- (abn)	карапалуу	karapaluu
zolder (de)	чердак	tʃerdak
venster (het)	терезе	tereze
glas (het)	айнек	ajnek
vensterbank (de)	текче	tektʃe
luiken (mv.)	терезе жапкычы	tereze dʒapkıtʃı
muur (de)	дубал	dubal
balkon (het)	балкон	balkon
regenpijp (de)	суу аккан түтүк	suu akkan tytyk
boven (bw)	өйдө	øjdø
naar boven gaan (ww)	көтөрүлүү	køtørylyy
afdalen (on.ww.)	ылдый түшүү	ıldıj tyʃyy
verhuizen (ww)	көчүү	køtʃyy

83. Huis. Ingang. Lift

ingang (de)	подъезд	podʰjezd
trap (de)	тепкич	tepkitʃ
treden (mv.)	тепкичтер	tepkitʃter
trapleuning (de)	тосмо	tosmo
hal (de)	холл	χoll
postbus (de)	почта ящиги	potʃta jaʃtʃigi
vuilnisbak (de)	таштанды челеги	taʃtandı tʃelegi
vuilniskoker (de)	таштанды түтүгү	taʃtandı tytygy
lift (de)	лифт	lift
goederenlift (de)	жүк ташуучу лифт	dʒyk taʃuutʃu lift
liftcabine (de)	кабина	kabina
de lift nemen	лифтке түшүү	liftke tyʃyy
appartement (het)	батир	batir
bewoners (mv.)	жашоочулар	dʒaʃootʃular
buurman (de)	кошуна	koʃuna
buurvrouw (de)	кошуна	koʃuna
buren (mv.)	кошуналар	koʃunalar

84. Huis. Deuren. Sloten

deur (de)	эшик	eʃik
toegangspoort (de)	дарбаза	darbaza
deurkruk (de)	тутка	tutka
ontsluiten (ontgrendelen)	кулпусун ачуу	kulpusun atʃuu
openen (ww)	ачуу	atʃuu
sluiten (ww)	жабуу	dʒabuu
sleutel (de)	ачкыч	atʃkıtʃ
sleutelbos (de)	ачкычтар тизмеси	atʃkıtʃtar tizmesi
knarsen (bijv. scharnier)	кычыратуу	kıtʃıratuu
knarsgeluid (het)	чыйкылдоо	tʃıjkıldoo
scharnier (het)	петля	petlʲa
deurmat (de)	килемче	kilemtʃe
slot (het)	кулпу	kulpu
sleutelgat (het)	кулпу тешиги	kulpu teʃigi
grendel (de)	бекитме	bekitme
schuif (de)	тээк	teek
hangslot (het)	асма кулпу	asma kulpu
aanbellen (ww)	чалуу	tʃaluu
bel (geluid)	шыңыраш	ʃıŋıraʃ
deurbel (de)	конгуроо	konguroo
belknop (de)	конгуроо баскычы	konguroo baskıtʃı
geklop (het)	такылдатуу	takıldatuu
kloppen (ww)	такылдатуу	takıldatuu

code (de)	код	kod
cijferslot (het)	код кулпусу	kod kulpusu
parlofoon (de)	домофон	domofon
nummer (het)	номер	nomer
naambordje (het)	тактача	taktatʃa
deurspion (de)	көзчө	køztʃø

85. Huis op het platteland

dorp (het)	кыштак	kıʃtak
moestuin (de)	чарбак	tʃarbak
hek (het)	тосмо	tosmo
houten hekwerk (het)	кашаа	kaʃaa
tuinpoortje (het)	каалга	kaalga
graanschuur (de)	кампа	kampa
wortelkelder (de)	ороо	oroo
schuur (de)	сарай	saraj
waterput (de)	кудук	kuduk
kachel (de)	меш	meʃ
de kachel stoken	меш жагуу	meʃ dʒaguu
brandhout (het)	отун	otun
houtblok (het)	бир кертим жыгач	bir kertim dʒıgatʃ
veranda (de)	веранда	veranda
terras (het)	терасса	terassa
bordes (het)	босого	bosogo
schommel (de)	селкинчек	selkintʃek

86. Kasteel. Paleis

kasteel (het)	сепил	sepil
paleis (het)	сарай	saraj
vesting (de)	чеп	tʃep
ringmuur (de)	дубал	dubal
toren (de)	мунара	munara
donjon (de)	баш мунара	baʃ munara
valhek (het)	көтөрүлүүчү дарбаза	køtørylyytʃy darbaza
onderaardse gang (de)	жер астындагы жол	dʒer astındagı dʒol
slotgracht (de)	сепил аңгеги	sepil aŋgegi
ketting (de)	чынжыр	tʃindʒır
schietgat (het)	атуучу тешик	atuutʃu teʃik
prachtig (bn)	сонун	sonun
majestueus (bn)	даңазалуу	daŋazaluu
onneembaar (bn)	бекем чеп	bekem tʃep
middeleeuws (bn)	орто кылымдык	orto kılımdık

87. Appartement

appartement (het)	батир	batir
kamer (de)	бөлмө	bølmø
slaapkamer (de)	уктоочу бөлмө	uktootʃu bølmø
eetkamer (de)	ашкана	aʃkana
salon (de)	конок үйү	konok yjy
studeerkamer (de)	иш бөлмөсү	iʃ bølmøsy
gang (de)	кире бериш	kire beriʃ
badkamer (de)	ванная	vannaja
toilet (het)	даараткана	daaratkana
plafond (het)	шып	ʃıp
vloer (de)	пол	pol
hoek (de)	бурч	burtʃ

88. Appartement. Schoonmaken

schoonmaken (ww)	жыйноо	dʒıjnoo
opbergen (in de kast, enz.)	жыйноо	dʒıjnoo
stof (het)	чаң	tʃaŋ
stoffig (bn)	чаң баскан	tʃaŋ baskan
stoffen (ww)	чаң сүртүү	tʃaŋ syrtyy
stofzuiger (de)	чаң соргуч	tʃaŋ sorgutʃ
stofzuigen (ww)	чаң сордуруу	tʃaŋ sorduruu
vegen (de vloer ~)	шыпыруу	ʃıpıruu
veegsel (het)	шыпырынды	ʃıpırındı
orde (de)	иреттелген	irettelgen
wanorde (de)	чачылган	tʃatʃılgan
zwabber (de)	швабра	ʃvabra
poetsdoek (de)	чүпүрөк	tʃypyrøk
veger (de)	шыпыргы	ʃıpırgı
stofblik (het)	калак	kalak

89. Meubels. Interieur

meubels (mv.)	эмерек	emerek
tafel (de)	стол	stol
stoel (de)	стул	stul
bed (het)	керебет	kerebet
bankstel (het)	диван	divan
fauteuil (de)	олпок отургуч	olpok oturgutʃ
boekenkast (de)	китеп шкафы	kitep ʃkafı
boekenrek (het)	текче	tektʃe
kledingkast (de)	шкаф	ʃkaf
kapstok (de)	кийим илгич	kijim ilgitʃ

staande kapstok (de)	кийим илгич	kijim ilgitʃ
commode (de)	комод	komod
salontafeltje (het)	журнал столу	dʒurnal stolu

spiegel (de)	күзгү	kyzgy
tapijt (het)	килем	kilem
tapijtje (het)	килемче	kilemtʃe

haard (de)	очок	otʃok
kaars (de)	шам	ʃam
kandelaar (de)	шамдал	ʃamdal

gordijnen (mv.)	парда	parda
behang (het)	туш кагаз	tuʃ kagaz
jaloezie (de)	жалюзи	dʒaldʒɐzi

bureaulamp (de)	стол чырагы	stol tʃɯragɯ
wandlamp (de)	чырак	tʃɯrak
staande lamp (de)	торшер	torʃer
luchter (de)	асма шам	asma ʃam

poot (ov. een tafel, enz.)	бут	but
armleuning (de)	чыканак такооч	tʃɯkanak takootʃ
rugleuning (de)	жөлөнгүч	dʒøløngytʃ
la (de)	суурма	suurma

90. Beddengoed

beddengoed (het)	шейшеп	ʃejʃep
kussen (het)	жаздык	dʒazdɯk
kussenovertrek (de)	жаздык кап	dʒazdɯk kap
deken (de)	жууркан	dʒuurkan
laken (het)	шейшеп	ʃejʃep
sprei (de)	жапкыч	dʒapkɯtʃ

91. Keuken

keuken (de)	ашкана	aʃkana
gas (het)	газ	gaz
gasfornuis (het)	газ плитасы	gaz plitasɯ
elektrisch fornuis (het)	электр плитасы	elektr plitasɯ
oven (de)	духовка	duxovka
magnetronoven (de)	микротолкун меши	mikrotolkun meʃi

koelkast (de)	муздаткыч	muzdatkɯtʃ
diepvriezer (de)	тоңдургуч	toŋdurgutʃ
vaatwasmachine (de)	идиш жуучу машина	idiʃ dʒuutʃu maʃina

vleesmolen (de)	эт туурагыч	et tuuragɯtʃ
vruchtenpers (de)	шире сыккыч	ʃire sɯkkɯtʃ
toaster (de)	тостер	toster
mixer (de)	миксер	mikser

koffiemachine (de)	кофе кайнаткыч	kofe kajnatkıʧ
koffiepot (de)	кофе кайнатуучу идиш	kofe kajnatuuʧu idiʃ
koffiemolen (de)	кофе майдалагыч	kofe majdalagıʧ
fluitketel (de)	чайнек	ʧajnek
theepot (de)	чайнек	ʧajnek
deksel (de/het)	капкак	kapkak
theezeefje (het)	чыпка	ʧıpka
lepel (de)	кашык	kaʃik
theelepeltje (het)	чай кашык	ʧaj kaʃik
eetlepel (de)	аш кашык	aʃ kaʃik
vork (de)	вилка	vilka
mes (het)	бычак	bıʧak
vaatwerk (het)	идиш-аяк	idiʃ-ajak
bord (het)	табак	tabak
schoteltje (het)	табак	tabak
likeurglas (het)	рюмка	rumka
glas (het)	ыстакан	ıstakan
kopje (het)	чөйчөк	ʧøjʧøk
suikerpot (de)	кум шекер салгыч	kum ʃeker salgıʧ
zoutvat (het)	туз салгыч	tuz salgıʧ
pepervat (het)	мурч салгыч	murʧ salgıʧ
boterschaaltje (het)	май салгыч	maj salgıʧ
pan (de)	мискей	miskej
bakpan (de)	табак	tabak
pollepel (de)	чөмүч	ʧømyʧ
vergiet (de/het)	депкир	depkir
dienblad (het)	батыныс	batınıs
fles (de)	бөтөлкө	bøtølkø
glazen pot (de)	банка	banka
blik (conserven~)	банка	banka
flesopener (de)	ачкыч	aʧkıʧ
blikopener (de)	ачкыч	aʧkıʧ
kurkentrekker (de)	штопор	ʃtopor
filter (de/het)	чыпка	ʧıpka
filteren (ww)	чыпкалоо	ʧıpkaloo
huisvuil (het)	таштанды	taʃtandı
vuilnisemmer (de)	таштанды чака	taʃtandı ʧaka

92. Badkamer

badkamer (de)	ванная	vannaja
water (het)	суу	suu
kraan (de)	чорго	ʧorgo
warm water (het)	ысык суу	ısık suu
koud water (het)	муздак суу	muzdak suu

tandpasta (de)	тиш пастасы	tiʃ pastası
tanden poetsen (ww)	тиш жуу	tiʃ dʒuu
tandenborstel (de)	тиш щёткасы	tiʃ ʃtʃotkası

zich scheren (ww)	кырынуу	kırınuu
scheercrème (de)	кырынуу үчүн көбүк	kırınuu ytʃyn købyk
scheermes (het)	устара	ustara

wassen (ww)	жуу	dʒuu
een bad nemen	жуунуу	dʒuunuu
douche (de)	душ	duʃ
een douche nemen	душка түшүү	duʃka tyʃyy

bad (het)	ванна	vanna
toiletpot (de)	унитаз	unitaz
wastafel (de)	раковина	rakovina

| zeep (de) | самын | samın |
| zeepbakje (het) | самын салгыч | samın salgıtʃ |

spons (de)	губка	gubka
shampoo (de)	шампунь	ʃampunʲ
handdoek (de)	сүлгү	sylgy
badjas (de)	халат	χalat

was (bijv. handwas)	кир жуу	kir dʒuu
wasmachine (de)	кир жуучу машина	kir dʒuutʃu maʃina
de was doen	кир жуу	kir dʒuu
waspoeder (de)	кир жуучу порошок	kir dʒuutʃu poroʃok

93. Huishoudelijke apparaten

televisie (de)	сыналгы	sınalgı
cassettespeler (de)	магнитофон	magnitofon
videorecorder (de)	видеомагнитофон	videomagnitofon
radio (de)	үналгы	ynalgı
speler (de)	плеер	pleer

videoprojector (de)	видеопроектор	videoproektor
home theater systeem (het)	үй кинотеатры	yj kinoteatrı
DVD-speler (de)	DVD ойноткуч	dividi ojnotkutʃ
versterker (de)	күчөткүч	kytʃøtkytʃ
spelconsole (de)	оюн приставкасы	ojun pristavkası

videocamera (de)	видеокамера	videokamera
fotocamera (de)	фотоаппарат	fotoapparat
digitale camera (de)	санарип камерасы	sanarip kamerası

stofzuiger (de)	чаң соргуч	tʃaŋ sorgutʃ
strijkijzer (het)	үтүк	ytyk
strijkplank (de)	үтүктөөчү тактай	ytyktøøtʃy taktaj

| telefoon (de) | телефон | telefon |
| mobieltje (het) | мобилдик | mobildik |

schrijfmachine (de)	машинка	maʃinka
naaimachine (de)	кийим тигүүчү машинка	kijim tigyytʃy maʃinka

microfoon (de)	микрофон	mikrofon
koptelefoon (de)	кулакчын	kulaktʃın
afstandsbediening (de)	пульт	pulʲt

CD (de)	CD, компакт-диск	sidi, kompakt-disk
cassette (de)	кассета	kasseta
vinylplaat (de)	пластинка	plastinka

94. Reparaties. Renovatie

renovatie (de)	ремонт	remont
renoveren (ww)	ремонт жасоо	remont dʒasoo
repareren (ww)	оңдоо	oŋdoo
op orde brengen	иретке келтирүү	iretke keltiryy
overdoen (ww)	кайра жасатуу	kajra dʒasatuu

verf (de)	сыр	sır
verven (muur ~)	боео	boeo
schilder (de)	боекчу	boektʃu
kwast (de)	кисть	kistʲ

kalk (de)	акиташ	akitaʃ
kalken (ww)	актоо	aktoo

behang (het)	туш кагаз	tuʃ kagaz
behangen (ww)	туш кагаз менен чаптоо	tuʃ kagaz menen tʃaptoo
lak (de/het)	лак	lak
lakken (ww)	лак менен жабуу	lak menen dʒabuu

95. Loodgieterswerk

water (het)	суу	suu
warm water (het)	ысык суу	ısık suu
koud water (het)	муздак суу	muzdak suu
kraan (de)	чорго	tʃorgo

druppel (de)	тамчы	tamtʃı
druppelen (ww)	тамчылоо	tamtʃıloo
lekken (een lek hebben)	агуу	aguu
lekkage (de)	суу өтүү	suu øtyy
plasje (het)	көлчүк	køltʃyk

buis, leiding (de)	түтүк	tytyk
stopkraan (de)	чорго	tʃorgo
verstopt raken (ww)	тыгылуу	tıgıluu

gereedschap (het)	аспаптар	aspaptar
Engelse sleutel (de)	бурама ачкыч	burama atʃkıtʃ
losschroeven (ww)	бурап чыгаруу	burap tʃıgaruu

aanschroeven (ww)	бурап бекитүү	burap bekityy
ontstoppen (riool, enz.)	тазалоо	tazaloo
loodgieter (de)	сантехник	santeχnik
kelder (de)	жер асты	dʒer astı
riolering (de)	канализация	kanalizatsija

96. Brand. Vuurzee

brand (de)	өрт	ørt
vlam (de)	жалын	dʒalın
vonk (de)	учкун	utʃkun
rook (de)	түтүн	tytyn
fakkel (de)	шамана	ʃamana
kampvuur (het)	от	ot
benzine (de)	күйүүчү май	kyjyytʃy may
kerosine (de)	керосин	kerosin
brandbaar (bn)	күйүүчү	kyjyytʃy
ontplofbaar (bn)	жарылуу коркунучу	dʒarıluu korkunutʃu
VERBODEN TE ROKEN!	ТАМЕКИ ЧЕГҮҮГӨ БОЛБОЙТ!	tameki tʃegyygø bolbojt!
veiligheid (de)	коопсуз	koopsuz
gevaar (het)	коркунуч	korkunutʃ
gevaarlijk (bn)	кооптуу	kooptuu
in brand vliegen (ww)	от алуу	ot aluu
explosie (de)	жарылуу	dʒarıluu
in brand steken (ww)	өрттөө	ørttøø
brandstichter (de)	өрттөөчү	ørttøøtʃy
brandstichting (de)	өрттөө	ørttøø
vlammen (ww)	жалындап күйүү	dʒalındap kyjyy
branden (ww)	күйүү	kyjyy
afbranden (ww)	күйүп кетүү	kyjyp ketyy
de brandweer bellen	өрт өчүргүчтөрдү чакыруу	ørt øtʃyrgytʃtørdy tʃakıruu
brandweerman (de)	өрт өчүргүч	ørt øtʃyrgytʃ
brandweerwagen (de)	өрт өчүрүүчү машина	ørt øtʃyryytʃy maʃina
brandweer (de)	өрт өчүрүү командасы	ørt øtʃyryy komandası
uitschuifbare ladder (de)	өрт өчүрүүчү шаты	ørt øtʃyryytʃy ʃatı
brandslang (de)	шланг	ʃlang
brandblusser (de)	өрт өчүргүч	ørt øtʃyrgytʃ
helm (de)	каска	kaska
sirene (de)	сирена	sirena
roepen (ww)	айгай салуу	ajgaj saluu
hulp roepen	жардамга чакыруу	dʒardamga tʃakıruu
redder (de)	куткаруучу	kutkaruutʃu
redden (ww)	куткаруу	kutkaruu
aankomen (per auto, enz.)	келүү	kelyy
blussen (ww)	өчүрүү	øtʃyryy

water (het)	суу	suu
zand (het)	кум	kum
ruïnes (mv.)	уранды	urandı
instorten (gebouw, enz.)	уроо	uroo
ineenstorten (ww)	кулоо	kuloo
inzakken (ww)	урап тушүү	urap tuʃyy
brokstuk (het)	сыныk	sınık
as (de)	күл	kyl
verstikken (ww)	тумчугуу	tumʧuguu
omkomen (ww)	өлүү	ølyy

MENSELIJKE ACTIVITEITEN

Baan. Business. Deel 1

97. Bankieren

bank (de)	банк	bank
bankfiliaal (het)	бөлүм	bølym
bankbediende (de)	кеңешчи	keŋeʃʧi
manager (de)	башкаруучу	baʃkaruuʧu
bankrekening (de)	эсеп	esep
rekeningnummer (het)	эсеп номери	esep nomeri
lopende rekening (de)	учурдагы эсеп	uʧurdagı esep
spaarrekening (de)	топтолмо эсеп	toptolmo esep
een rekening openen	эсеп ачуу	esep aʧuu
de rekening sluiten	эсеп жабуу	esep ʤabuu
op rekening storten	эсепке акча салуу	esepke akʧa saluu
opnemen (ww)	эсептен акча чыгаруу	esepten akʧa ʧıgaruu
storting (de)	аманат	amanat
een storting maken	аманат кылуу	amanat kıluu
overschrijving (de)	акча которуу	akʧa kotoruu
een overschrijving maken	акча которуу	akʧa kotoruu
som (de)	сумма	summa
Hoeveel?	Канча?	kanʧa?
handtekening (de)	кол тамга	kol tamga
ondertekenen (ww)	кол коюу	kol kojʉu
kredietkaart (de)	насыя картасы	nasıja kartası
code (de)	код	kod
kredietkaartnummer (het)	насыя картанын номери	nasıja kartanın nomeri
geldautomaat (de)	банкомат	bankomat
cheque (de)	чек	ʧek
een cheque uitschrijven	чек жазып берүү	ʧek ʤazıp beryy
chequeboekje (het)	чек китепчеси	ʧek kiteptʃesi
lening, krediet (de)	насыя	nasıja
een lening aanvragen	насыя үчүн кайрылуу	nasıja ytʃyn kajrıluu
een lening nemen	насыя алуу	nasıja aluu
een lening verlenen	насыя берүү	nasıja beryy
garantie (de)	кепилдик	kepildik

98. Telefoon. Telefoongesprek

telefoon (de)	телефон	telefon
mobieltje (het)	мобилдик	mobildik
antwoordapparaat (het)	автоматтык жооп берүүчү	avtomattık dʒoop beryytʃy
bellen (ww)	чалуу	tʃaluu
belletje (telefoontje)	чакыруу	tʃakıruu
een nummer draaien	номер терүү	nomer teryy
Hallo!	Алло!	allo!
vragen (ww)	суроо	suroo
antwoorden (ww)	жооп берүү	dʒoop beryy
horen (ww)	угуу	uguu
goed (bw)	жакшы	dʒakʃı
slecht (bw)	жаман	dʒaman
storingen (mv.)	ызы-чуу	ızı-tʃuu
hoorn (de)	трубка	trubka
opnemen (ww)	трубканы алуу	trubkanı aluu
ophangen (ww)	трубканы коюу	trubkanı kojʉu
bezet (bn)	бош эмес	boʃ emes
overgaan (ww)	шыңгыроо	ʃıŋgıroo
telefoonboek (het)	телефондук китепче	telefonduk kiteptʃe
lokaal (bn)	жергиликтүү	dʒergiliktyy
lokaal gesprek (het)	жергиликтүү чакыруу	dʒergiliktyy tʃakıruu
interlokaal (bn)	шаар аралык	ʃaar aralık
interlokaal gesprek (het)	шаар аралык чакыруу	ʃaar aralık tʃakıruu
buitenlands (bn)	эл аралык	el aralık
buitenlands gesprek (het)	эл аралык чакыруу	el aralık tʃakıruu

99. Mobiele telefoon

mobieltje (het)	мобилдик	mobildik
scherm (het)	дисплей	displej
toets, knop (de)	баскыч	baskıtʃ
simkaart (de)	SIM-карта	sim-karta
batterij (de)	батарея	batareja
leeg zijn (ww)	зарядканын түгөнүүсү	zarʲadkanın tygønyysy
acculader (de)	заряддоочу шайман	zarʲaddootʃu ʃajman
menu (het)	меню	menʉ
instellingen (mv.)	орнотуулар	ornotuular
melodie (beltoon)	обон	obon
selecteren (ww)	тандоо	tandoo
rekenmachine (de)	калькулятор	kalʲkulʲator
voicemail (de)	автоматтык жооп бергич	avtomattık dʒoop bergitʃ
wekker (de)	ойготкуч	ojgotkutʃ

contacten (mv.)	байланыштар	bajlanıʃtar
SMS-bericht (het)	**SMS-кабар**	esemes-kabar
abonnee (de)	**абонент**	abonent

100. Schrijfbehoeften

| balpen (de) | калем сап | kalem sap |
| vulpen (de) | калем уч | kalem utʃ |

potlood (het)	**карандаш**	karandaʃ
marker (de)	**маркер**	marker
viltstift (de)	**фломастер**	flomaster

| notitieboekje (het) | **дептерче** | deptertʃe |
| agenda (boekje) | **күндөлүк** | kyndølyk |

liniaal (de/het)	**сызгыч**	sızgıtʃ
rekenmachine (de)	**калькулятор**	kalʲkulʲator
gom (de)	**өчүргүч**	øtʃyrgytʃ
punaise (de)	**кнопка**	knopka
paperclip (de)	**кыскыч**	kıskıtʃ

lijm (de)	**желим**	dʒelim
nietmachine (de)	**степлер**	stepler
perforator (de)	**тешкич**	teʃkitʃ
potloodslijper (de)	**учтагыч**	utʃtagıtʃ

Baan. Business. Deel 2

101. Massamedia

krant (de)	гезит	gezit
tijdschrift (het)	журнал	ʤurnal
pers (gedrukte media)	пресса	pressa
radio (de)	үналгы	ynalgı
radiostation (het)	радио толкуну	radio tolkunu
televisie (de)	телекөрсөтүү	telekørsøtyy
presentator (de)	алып баруучу	alıp baruuʧu
nieuwslezer (de)	диктор	diktor
commentator (de)	баяндамачы	bajandamatʃı
journalist (de)	журналист	ʤurnalist
correspondent (de)	кабарчы	kabarʧı
fotocorrespondent (de)	фотокорреспондент	fotokorrespondent
reporter (de)	репортёр	reportʲor
redacteur (de)	редактор	redaktor
chef-redacteur (de)	башкы редактор	baʃkı redaktor
zich abonneren op	жазылуу	ʤazıluu
abonnement (het)	жазылуу	ʤazıluu
abonnee (de)	жазылуучу	ʤazıluutʃu
lezen (ww)	окуу	okuu
lezer (de)	окурман	okurman
oplage (de)	нуска	nuska
maand-, maandelijks (bn)	ай сайын	aj sajın
wekelijks (bn)	жума сайын	ʤuma sajın
nummer (het)	номер	nomer
vers (~ van de pers)	жаңы	ʤaŋı
kop (de)	баш аты	baʃ atı
korte artikel (het)	кыскача макала	kıskatʃa makala
rubriek (de)	рубрика	rubrika
artikel (het)	макала	makala
pagina (de)	бет	bet
reportage (de)	репортаж	reportaʤ
gebeurtenis (de)	окуя	okuja
sensatie (de)	дүң салуу	dyŋ saluu
schandaal (het)	жаңжал	ʤaŋʤal
schandalig (bn)	жаңжалчы	ʤaŋʤaltʃı
groot (~ schandaal, enz.)	чуулгандуу	ʧuulganduu
programma (het)	көрсөтүү	kørsøtyy
interview (het)	интервью	intervjɥ

| live uitzending (de) | түз берүү | tyz beryy |
| kanaal (het) | канал | kanal |

102. Landbouw

landbouw (de)	дыйкан чарбачылык	dıjkan tʃarbatʃılık
boer (de)	дыйкан	dıjkan
boerin (de)	дыйкан аял	dıjkan ajal
landbouwer (de)	фермер	fermer

| tractor (de) | трактор | traktor |
| maaidorser (de) | комбайн | kombajn |

ploeg (de)	соко	soko
ploegen (ww)	жер айдоо	dʒer ajdoo
akkerland (het)	айдоо жер	ajdoo dʒer
voor (de)	жөөк	dʒøøk

zaaien (ww)	себүү	sebyy
zaaimachine (de)	сеялка	sejalka
zaaien (het)	эгүү	egyy

| zeis (de) | чалгы | tʃalgı |
| maaien (ww) | чабуу | tʃabuu |

| schop (de) | күрөк | kyrøk |
| spitten (ww) | казуу | kazuu |

schoffel (de)	кетмен	ketmen
wieden (ww)	отоо	otoo
onkruid (het)	отоо чөп	otoo tʃøp

gieter (de)	гүл челек	gyl tʃelek
begieten (water geven)	сугаруу	sugaruu
bewatering (de)	сугат	sugat

| riek, hooivork (de) | айры | ajrı |
| hark (de) | тырмоо | tırmoo |

kunstmest (de)	жер семирткич	dʒer semirtkitʃ
bemesten (ww)	жер семиртүү	dʒer semirtyy
mest (de)	кык	kık

veld (het)	талаа	talaa
wei (de)	шалбаа	ʃalbaa
moestuin (de)	чарбак	tʃarbak
boomgaard (de)	бакча	baktʃa

weiden (ww)	жаюу	dʒadʒuu
herder (de)	чабан	tʃaban
weiland (de)	жайыт	dʒajıt

| veehouderij (de) | мал чарбачылык | mal tʃarbatʃılık |
| schapenteelt (de) | кой чарбачылык | koj tʃarbatʃılık |

plantage (de)	плантация	plantatsija
rijtje (het)	жөөк	dʒøøk
broeikas (de)	күнөскана	kynøskana

| droogte (de) | кургакчылык | kurgaktʃılık |
| droog (bn) | кургак | kurgak |

graan (het)	дан эгиндери	dan eginderi
graangewassen (mv.)	дан эгиндери	dan eginderi
oogsten (ww)	чаап алуу	tʃaap aluu

molenaar (de)	тегирменчи	tegirmentʃi
molen (de)	тегирмен	tegirmen
malen (graan ~)	майдалоо	majdaloo
bloem (bijv. tarwebloem)	ун	un
stro (het)	саман	saman

103. Gebouw. Bouwproces

bouwplaats (de)	курулуш	kuruluʃ
bouwen (ww)	куруу	kuruu
bouwvakker (de)	куруучу	kuruutʃu

project (het)	долбоор	dolboor
architect (de)	архитектор	arχitektor
arbeider (de)	жумушчу	dʒumuʃtʃu

fundering (de)	пайдубал	pajdubal
dak (het)	чатыр	tʃatır
heipaal (de)	казык	kazık
muur (de)	дубал	dubal

| betonstaal (het) | арматура | armatura |
| steigers (mv.) | куруучу тепкичтер | kuruutʃu tepkitʃter |

beton (het)	бетон	beton
graniet (het)	гранит	granit
steen (de)	таш	taʃ
baksteen (de)	кыш	kıʃ

zand (het)	кум	kum
cement (de/het)	цемент	tsement
pleister (het)	шыбак	ʃıbak
pleisteren (ww)	шыбоо	ʃıboo

verf (de)	сыр	sır
verven (muur ~)	боео	boeo
ton (de)	бочка	botʃka

kraan (de)	кран	kran
heffen, hijsen (ww)	көтөрүү	køtøryy
neerlaten (ww)	түшүрүү	tyʃyryy
bulldozer (de)	бульдозер	bulʲdozer
graafmachine (de)	экскаватор	ekskavator

graafbak (de)	ковш	kovʃ
graven (tunnel, enz.)	казуу	kazuu
helm (de)	каска	kaska

Thematische woordenschat Nederlands-Kirgizisch - 7000 woorden

Beroepen en ambachten

104. Zoeken naar werk. Ontslag

baan (de)	иш	iʃ
werknemers (mv.)	жамаат	dʒamaat
personeel (het)	жамаат курамы	dʒamaat kuramı
carrière (de)	мансап	mansap
vooruitzichten (mv.)	перспектива	perspektiva
meesterschap (het)	чеберчилик	tʃebertʃilik
keuze (de)	тандоо	tandoo
uitzendbureau (het)	кадрдык агенттиги	kadrdık agenttigi
CV, curriculum vitae (het)	таржымал	tardʒımal
sollicitatiegesprek (het)	аңгемелешүү	aŋgemeleʃyy
vacature (de)	жумуш орун	dʒumuʃ orun
salaris (het)	эмгек акы	emgek akı
vaste salaris (het)	маяна	majana
loon (het)	акысын төлөө	akısın tøløø
betrekking (de)	кызмат орун	kızmat orun
taak, plicht (de)	милдет	mildet
takenpakket (het)	милдеттенмелер	mildettenmeler
bezig (~ zijn)	бош эмес	boʃ emes
ontslagen (ww)	бошотуу	boʃotuu
ontslag (het)	бошотуу	boʃotuu
werkloosheid (de)	жумушсуздук	dʒumuʃsuzduk
werkloze (de)	жумушсуз	dʒumuʃsuz
pensioen (het)	баyаракы	baarakı
met pensioen gaan	ардактуу эс алууга чыгуу	ardaktuu es aluuga tʃıguu

105. Zakenmensen

directeur (de)	директор	direktor
beheerder (de)	башкаруучу	baʃkaruutʃu
hoofd (het)	башкаруучу	baʃkaruutʃu
baas (de)	башчы	baʃtʃı
superieuren (mv.)	башчылар	baʃtʃılar
president (de)	президент	prezident
voorzitter (de)	төрага	tøraga
adjunct (de)	орун басар	orun basar
assistent (de)	жардамчы	dʒardamtʃı

96

| secretaris (de) | катчы | kattʃı |
| persoonlijke assistent (de) | жеке катчы | dʒeke kattʃı |

zakenman (de)	бизнесмен	biznoomon
ondernemer (de)	ишкер	iʃker
oprichter (de)	негиздөөчү	negizdøøtʃy
oprichten	негиздөө	negizdøø
(een nieuw bedrijf ~)		

stichter (de)	уюмдаштыруучу	ujumdaʃtıruutʃu
partner (de)	өнөктөш	ønøktøʃ
aandeelhouder (de)	акция кармоочу	aktsija karmootʃu

miljonair (de)	миллионер	millioner
miljardair (de)	миллиардер	milliarder
eigenaar (de)	ээси	eesi
landeigenaar (de)	жер ээси	dʒer eesi

klant (de)	кардар	kardar
vaste klant (de)	туруктуу кардар	turuktuu kardar
koper (de)	сатып алуучу	satıp aluutʃu
bezoeker (de)	келүүчү	kelyytʃy
professioneel (de)	кесипкөй	kesipkøj
expert (de)	ишбилги	iʃbilgi
specialist (de)	адис	adis

| bankier (de) | банкир | bankir |
| makelaar (de) | далдалчы | daldaltʃı |

kassier (de)	кассир	kassir
boekhouder (de)	бухгалтер	buχgalter
bewaker (de)	кароолчу	karooltʃu

investeerder (de)	салым кошуучу	salım koʃuutʃu
schuldenaar (de)	карыздар	karızdar
crediteur (de)	насыя алуучу	nasıja aluutʃu
lener (de)	карызга алуучу	karızga aluutʃu

| importeur (de) | импорттоочу | importtootʃu |
| exporteur (de) | экспорттоочу | eksporttootʃu |

producent (de)	өндүрүүчү	øndyryytʃy
distributeur (de)	дистрибьютор	distribjutor
bemiddelaar (de)	ортомчу	ortomtʃu

adviseur, consulent (de)	кеңешчи	keŋeʃtʃi
vertegenwoordiger (de)	сатуу агенти	satuu agenti
agent (de)	агент	agent
verzekeringsagent (de)	камсыздандыруучу агент	kamsızdandıruutʃu agent

106. Dienstverlenende beroepen

| kok (de) | ашпозчу | aʃpoztʃu |
| chef-kok (de) | башкы ашпозчу | baʃkı aʃpoztʃu |

bakker (de)	навайчы	navajtʃı
barman (de)	бармен	barmen
kelner, ober (de)	официант	ofitsiant
serveerster (de)	официант кыз	ofitsiant kız
advocaat (de)	жактоочу	dʒaktootʃu
jurist (de)	юрист	jurist
notaris (de)	нотариус	notarius
elektricien (de)	электрик	elektrik
loodgieter (de)	сантехник	santeχnik
timmerman (de)	жыгач уста	dʒıgatʃ usta
masseur (de)	укалоочу	ukalootʃu
masseuse (de)	укалоочу	ukalootʃu
dokter, arts (de)	доктур	doktur
taxichauffeur (de)	такси айдоочу	taksi ajdootʃu
chauffeur (de)	айдоочу	ajdootʃu
koerier (de)	жеткирүүчү	dʒetkiryytʃy
kamermeisje (het)	үй кызматкери	yj kızmatkeri
bewaker (de)	кароолчу	karooltʃu
stewardess (de)	стюардесса	stuardessa
meester (de)	мугалим	mugalim
bibliothecaris (de)	китепканачы	kitepkanatʃı
vertaler (de)	котормочу	kotormotʃu
tolk (de)	оозеки котормочу	oozeki kotormotʃu
gids (de)	гид	gid
kapper (de)	чач тарач	tʃatʃ taratʃ
postbode (de)	кат ташуучу	kat taʃuutʃu
verkoper (de)	сатуучу	satuutʃu
tuinman (de)	багбанчы	bagbantʃı
huisbediende (de)	үй кызматчы	yj kızmattʃı
dienstmeisje (het)	үй кызматчы аял	yj kızmattʃı ajal
schoonmaakster (de)	тазалагыч	tazalagıtʃ

107. Militaire beroepen en rangen

soldaat (rang)	катардагы жоокер	katardagı dʒooker
sergeant (de)	сержант	serdʒant
luitenant (de)	лейтенант	lejtenant
kapitein (de)	капитан	kapitan
majoor (de)	майор	major
kolonel (de)	полковник	polkovnik
generaal (de)	генерал	general
maarschalk (de)	маршал	marʃal
admiraal (de)	адмирал	admiral
militair (de)	аскер кызматчысы	asker kızmattʃısı
soldaat (de)	аскер	asker

officier (de)	офицер	ofitser
commandant (de)	командир	komandir
grenswachter (de)	чек арачы	ʧek araʧı
marconist (de)	радист	radist
verkenner (de)	чалгынчы	ʧalgınʧı
sappeur (de)	сапёр	sapʲor
schutter (de)	аткыч	atkıʧ
stuurman (de)	штурман	ʃturman

108. Ambtenaren. Priesters

koning (de)	король, падыша	korolʲ, padıʃa
koningin (de)	ханыша	χanıʃa
prins (de)	канзаада	kanzaada
prinses (de)	ханбийке	χanbijke
tsaar (de)	падыша	padıʃa
tsarina (de)	ханыша	χanıʃa
president (de)	президент	prezident
minister (de)	министр	ministr
eerste minister (de)	премьер-министр	premjer-ministr
senator (de)	сенатор	senator
diplomaat (de)	дипломат	diplomat
consul (de)	консул	konsul
ambassadeur (de)	элчи	elʧi
adviseur (de)	кеңешчи	keŋeʃʧi
ambtenaar (de)	аткаминер	atkaminer
prefect (de)	префект	prefekt
burgemeester (de)	мэр	mer
rechter (de)	сот	sot
aanklager (de)	прокурор	prokuror
missionaris (de)	миссионер	missioner
monnik (de)	кечил	keʧil
abt (de)	аббат	abbat
rabbi, rabbijn (de)	раввин	ravvin
vizier (de)	визирь	vizirʲ
sjah (de)	шах	ʃaχ
sjeik (de)	шейх	ʃejχ

109. Agrarische beroepen

imker (de)	балчы	balʧı
herder (de)	чабан	ʧaban
landbouwkundige (de)	агроном	agronom

| veehouder (de) | малчы | malʧı |
| dierenarts (de) | мал доктуру | mal dokturu |

landbouwer (de)	фермер	fermer
wijnmaker (de)	вино жасоочу	vino dʒasooʧu
zoöloog (de)	зоолог	zoolog
cowboy (de)	ковбой	kovboj

110. Kunst beroepen

| acteur (de) | актёр | aktʲor |
| actrice (de) | актриса | aktrisa |

| zanger (de) | ырчы | ırʧı |
| zangeres (de) | ырчы кыз | ırʧı kız |

| danser (de) | бийчи жигит | bijʧi dʒigit |
| danseres (de) | бийчи кыз | bijʧi kız |

| artiest (mann.) | аткаруучу | atkaruuʧu |
| artiest (vrouw.) | аткаруучу | atkaruuʧu |

muzikant (de)	музыкант	muzıkant
pianist (de)	пианист	pianist
gitarist (de)	гитарист	gitarist

orkestdirigent (de)	дирижёр	diridʒʲor
componist (de)	композитор	kompozitor
impresario (de)	импресарио	impresario

filmregisseur (de)	режиссёр	redʒissʲor
filmproducent (de)	продюсер	produser
scenarioschrijver (de)	сценарист	stsenarist
criticus (de)	сынчы	sınʧı

schrijver (de)	жазуучу	dʒazuuʧu
dichter (de)	акын	akın
beeldhouwer (de)	бедизчи	bedizʧi
kunstenaar (de)	сүрөтчү	syrøtʧy

jongleur (de)	жонглёр	dʒonglʲor
clown (de)	маскарапоз	maskarapoz
acrobaat (de)	акробат	akrobat
goochelaar (de)	көз боечу	køz boeʧu

111. Verschillende beroepen

dokter, arts (de)	доктур	doktur
ziekenzuster (de)	медсестра	medsestra
psychiater (de)	психиатр	psiҳiatr
tandarts (de)	тиш доктур	tiʃ doktur
chirurg (de)	хирург	ҳirurg

astronaut (de)	астронавт	astronavt
astronoom (de)	астроном	astronom
piloot (de)	учкуч	utʃkutʃ
chauffeur (de)	айдоочу	ajdootʃu
machinist (de)	машинист	maʃinist
mecanicien (de)	механик	meχanik
mijnwerker (de)	кенчи	kentʃi
arbeider (de)	жумушчу	dʒumuʃtʃu
bankwerker (de)	слесарь	slesarʲ
houtbewerker (de)	жыгач уста	dʒɪgatʃ usta
draaier (de)	токарь	tokarʲ
bouwvakker (de)	куруучу	kuruutʃu
lasser (de)	ширеткич	ʃiretkitʃ
professor (de)	профессор	professor
architect (de)	архитектор	arχitektor
historicus (de)	тарыхчы	tarıχtʃı
wetenschapper (de)	илимпоз	ilimpoz
fysicus (de)	физик	fizik
scheikundige (de)	химик	χimik
archeoloog (de)	археолог	arχeolog
geoloog (de)	геолог	geolog
onderzoeker (de)	изилдөөчү	izildøøtʃy
babysitter (de)	бала баккыч	bala bakkıtʃ
leraar, pedagoog (de)	мугалим	mugalim
redacteur (de)	редактор	redaktor
chef-redacteur (de)	башкы редактор	baʃkı redaktor
correspondent (de)	кабарчы	kabartʃı
typiste (de)	машинистка	maʃinistka
designer (de)	дизайнер	dizajner
computerexpert (de)	компьютер адиси	kompjuter adisi
programmeur (de)	программист	programmist
ingenieur (de)	инженер	indʒener
matroos (de)	деңизчи	deŋiztʃi
zeeman (de)	матрос	matros
redder (de)	куткаруучу	kutkaruutʃu
brandweerman (de)	өрт өчүргүч	ørt øtʃyrgytʃ
politieagent (de)	полиция кызматкери	politsija kızmatkeri
nachtwaker (de)	караолчу	karooltʃu
detective (de)	аңдуучу	aŋduutʃu
douanier (de)	бажы кызматкери	badʒı kızmatkeri
lijfwacht (de)	жан сакчы	dʒan saktʃı
gevangenisbewaker (de)	күзөтчү	kyzøttʃy
inspecteur (de)	инспектор	inspektor
sportman (de)	спортчу	sporttʃu
trainer (de)	машыктыруучу	maʃıktıruutʃu

slager, beenhouwer (de)	касапчы	kasapʧı
schoenlapper (de)	өтүкчү	øtykʧy
handelaar (de)	жеке соодагер	dʒeke soodager
lader (de)	жүк ташуучу	dʒyk taʃuuʧu

| kledingstilist (de) | модельер | modeljer |
| model (het) | модель | modelʲ |

112. Beroepen. Sociale status

| scholier (de) | окуучу | okuuʧu |
| student (de) | студент | student |

filosoof (de)	философ	filosof
econoom (de)	экономист	ekonomist
uitvinder (de)	ойлоп табуучу	ojlop tabuuʧu

werkloze (de)	жумушсуз	dʒumuʃsuz
gepensioneerde (de)	бааргер	baarger
spion (de)	тыңчы	tıŋʧı

gedetineerde (de)	камактагы адам	kamaktagı adam
staker (de)	иш калтыргыч	iʃ kaltırgıʧ
bureaucraat (de)	бюрократ	bʉrokrat
reiziger (de)	саякатчы	sajakatʧı

homoseksueel (de)	гомосексуалист	gomoseksualist
hacker (computerkraker)	хакер	χaker
hippie (de)	хиппи	χippi

bandiet (de)	ууру-кески	uuru-keski
huurmoordenaar (de)	жалданма киши өлтүргүч	dʒaldanma kiʃi øltyrgyʧ
drugsverslaafde (de)	баңги	baŋgi
drugshandelaar (de)	баңгизат сатуучу	baŋgizat satuuʧu
prostituee (de)	сойку	sojku
pooier (de)	жан бакты	dʒan baktı

tovenaar (de)	жадыгөй	dʒadıgøj
tovenares (de)	жадыгөй	dʒadıgøj
piraat (de)	деңиз каракчысы	deŋiz karakʧısı
slaaf (de)	кул	kul
samoerai (de)	самурай	samuraj
wilde (de)	жапайы	dʒapajı

Sport

113. Soorten sporten. Sporters

sportman (de)	спортчу	sporttʃu
soort sport (de/het)	спорттун түрү	sporttun tyry
basketbal (het)	баскетбол	basketbol
basketbalspeler (de)	баскетбол ойноочу	basketbol ojnootʃu
baseball (het)	бейсбол	bejsbol
baseballspeler (de)	бейсбол ойноочу	bejsbol ojnootʃu
voetbal (het)	футбол	futbol
voetballer (de)	футбол ойноочу	futbol ojnootʃu
doelman (de)	дарбазачы	darbazatʃı
hockey (het)	хоккей	χokkej
hockeyspeler (de)	хоккей ойноочу	χokkej ojnootʃu
volleybal (het)	волейбол	volejbol
volleybalspeler (de)	волейбол ойноочу	volejbol ojnootʃu
boksen (het)	бокс	boks
bokser (de)	бокс мушташуучу	boks muʃtaʃuutʃu
worstelen (het)	күрөш	kyrøʃ
worstelaar (de)	күрөшчү	kyrøʃtʃy
karate (de)	карате	karate
karateka (de)	карате мушташуучу	karate muʃtaʃuutʃu
judo (de)	дзюдо	dzʉdo
judoka (de)	дзюдо чалуучу	dzʉdo tʃaluutʃu
tennis (het)	теннис	tennis
tennisspeler (de)	теннис ойноочу	tennis ojnootʃu
zwemmen (het)	сүзүү	syzyy
zwemmer (de)	сүзүүчү	syzyytʃy
schermen (het)	кылычташуу	kılıtʃtaʃuu
schermer (de)	кылычташуучу	kılıtʃtaʃuutʃu
schaak (het)	шахмат	ʃaχmat
schaker (de)	шахмат ойноочу	ʃaχmat ojnootʃu
alpinisme (het)	альпинизм	alʲpinizm
alpinist (de)	альпинист	alʲpinist
hardlopen (het)	чуркоо	tʃurkoo

renner (de)	жөө күлүк	dʒøø kylyk
atletiek (de)	жеңил атлетика	dʒeŋil atletika
atleet (de)	атлет	atlet

| paardensport (de) | ат спорту | at sportu |
| ruiter (de) | чабандес | tʃabandes |

kunstschaatsen (het)	муз бийи	muz biji
kunstschaatser (de)	муз бийчи	muz bijtʃi
kunstschaatsster (de)	муз бийчи	muz bijtʃi

| gewichtheffen (het) | оор атлетика | oor atletika |
| gewichtheffer (de) | оор атлет | oor atlet |

| autoraces (mv.) | авто жарыш | avto dʒarıʃ |
| coureur (de) | гонщик | gonʃtʃik |

| wielersport (de) | велоспорт | velosport |
| wielrenner (de) | велосипед тебүүчү | velosiped tebyytʃy |

verspringen (het)	узундукка секирүү	uzundukka sekiryy
polsstokspringen (het)	шырык менен секирүү	ʃırık menen sekiryy
verspringer (de)	секирүүчү	sekiryytʃy

114. Soorten sporten. Diversen

Amerikaans voetbal (het)	американский футбол	amerikanskij futbol
badminton (het)	бадминтон	badminton
biatlon (de)	биатлон	biatlon
biljart (het)	бильярд	biljard

bobsleeën (het)	бобслей	bobslej
bodybuilding (de)	бодибилдинг	bodibilding
waterpolo (het)	суу полосу	suu polosu
handbal (de)	гандбол	gandbol
golf (het)	гольф	golʲf

roeisport (de)	калакты уруу	kalaktı uruu
duiken (het)	сууга чөмүүчү	suuga tʃømyytʃy
langlaufen (het)	чаңгы жарышы	tʃaŋgı dʒarıʃı
tafeltennis (het)	стол тенниси	stol tennisi

zeilen (het)	парус астында сызуу	parus astında sızuu
rally (de)	ралли	ralli
rugby (het)	регби	regbi
snowboarden (het)	сноуборд	snoubord
boogschieten (het)	жаа атуу	dʒaa atuu

115. Fitnessruimte

| lange halter (de) | штанга | ʃtanga |
| halters (mv.) | гантелдер | gantelder |

training machine (de)	машыгуу машине	maʃiguu maʃine
hometrainer (de)	велотренажёр	velotrenadʒior
loopband (de)	тегеретме	tegeretme

rekstok (de)	көпүрө жыгач	køpyrø dʒɪgatʃ
brug (de) gelijke leggers	брусдар	brusdar
paardsprong (de)	ат	at
mat (de)	мат	mat

springtouw (het)	секиргич	sekirgitʃ
aerobics (de)	аэробика	aerobika
yoga (de)	йога	joga

116. Sporten. Diversen

Olympische Spelen (mv.)	Олимпиада Оюндары	olimpiada ojʉndarı
winnaar (de)	жеңүүчү	dʒeɲyytʃy
overwinnen (ww)	жеңүү	dʒeɲyy
winnen (ww)	утуу	utuu

| leider (de) | топ башы | top baʃı |
| leiden (ww) | топ башында болуу | top baʃında boluu |

eerste plaats (de)	биринчи орун	birintʃi orun
tweede plaats (de)	экинчи орун	ekintʃi orun
derde plaats (de)	үчүнчү орун	ytʃyntʃy orun

medaille (de)	медаль	medalʲ
trofee (de)	трофей	trofej
beker (de)	кубок	kubok
prijs (de)	байге	bajge
hoofdprijs (de)	баш байге	baʃ bajge

| record (het) | рекорд | rekord |
| een record breken | рекорд коюу | rekord kojʉu |

| finale (de) | финал | final |
| finale (bn) | финалдык | finaldık |

| kampioen (de) | чемпион | tʃempion |
| kampioenschap (het) | чемпионат | tʃempionat |

stadion (het)	стадион	stadion
tribune (de)	трибуна	tribuna
fan, supporter (de)	күйөрман	kyjørman
tegenstander (de)	каршылаш	karʃılaʃ

| start (de) | старт | start |
| finish (de) | маара | maara |

nederlaag (de)	утулуу	utuluu
verliezen (ww)	жеңилүү	dʒeɲilyy
rechter (de)	судья	sudja
jury (de)	калыстар	kalıstar

stand (~ is 3-1)	эсеп	esep
gelijkspel (het)	теңме-тең	teŋme-teŋ
in gelijk spel eindigen	теңме-тең бүтүрүү	teŋme-teŋ bytyryy
punt (het)	упай	upaj
uitslag (de)	натыйжа	natıjdʒa
periode (de)	убак	ubak
pauze (de)	тыныгуу	tınıguu
doping (de)	допинг	doping
straffen (ww)	жазалоо	dʒazaloo
diskwalificeren (ww)	дисквалификациялоо	diskvalifitsijaloo
toestel (het)	снаряд	snarʲad
speer (de)	найза	najza
kogel (de)	ядро	jadro
bal (de)	бильярд шары	biljard ʃarı
doel (het)	бута	buta
schietkaart (de)	бута	buta
schieten (ww)	атуу	atuu
precies (bijv. precieze schot)	таамай	taamaj
trainer, coach (de)	машыктыруучу	maʃıktıruutʃu
trainen (ww)	машыктыруу	maʃıktıruu
zich trainen (ww)	машыгуу	maʃıguu
training (de)	машыгуу	maʃıguu
gymnastiekzaal (de)	спортзал	sportzal
oefening (de)	көнүгүү	kønygyy
opwarming (de)	дене керүү	dene keryy

Onderwijs

117. School

| school (de) | мектеп | mektep |
| schooldirecteur (de) | мектеп директору | mektep direktoru |

leerling (de)	окуучу бала	okuutʃu bala
leerlinge (de)	окуучу кыз	okuutʃu kız
scholier (de)	окуучу	okuutʃu
scholiere (de)	окуучу кыз	okuutʃu kız

leren (lesgeven)	окутуу	okutuu
studeren (bijv. een taal ~)	окуу	okuu
van buiten leren	жаттоо	dʒattoo

leren (bijv. ~ tellen)	үйрөнүү	yjrønyy
in school zijn	мектепке баруу	mektepke baruu
(schooljongen zijn)		
naar school gaan	окууга баруу	okuuga baruu

| alfabet (het) | алфавит | alfavit |
| vak (schoolvak) | сабак | sabak |

klaslokaal (het)	класс	klass
les (de)	сабак	sabak
pauze (de)	танапис	tanapis
bel (de)	коңгуроо	koŋguroo
schooltafel (de)	парта	parta
schoolbord (het)	такта	takta

cijfer (het)	баа	baa
goed cijfer (het)	жакшы баа	dʒakʃı baa
slecht cijfer (het)	жаман баа	dʒaman baa
een cijfer geven	баа коюу	baa kojʉu

fout (de)	ката	kata
fouten maken	ката кетирүү	kata ketiryy
corrigeren (fouten ~)	түзөтүү	tyzøtyy
spiekbriefje (het)	шпаргалка	ʃpargalka

| huiswerk (het) | үй иши | yj iʃi |
| oefening (de) | көнүгүү | kønygyy |

aanwezig zijn (ww)	катышуу	katıʃuu
absent zijn (ww)	келбей калуу	kelbej kaluu
school verzuimen	сабактарды калтыруу	sabaktardı kaltıruu

| bestraffen (een stout kind ~) | жазалоо | dʒazaloo |
| bestraffing (de) | жаза | dʒaza |

gedrag (het)	жүрүм-турум	dʒyrym-turum
cijferlijst (de)	күндөлүк	kyndølyk
potlood (het)	карандаш	karandaʃ
gom (de)	өчүргүч	øtʃyrgytʃ
krijt (het)	бор	bor
pennendoos (de)	калем салгыч	kalem salgɪtʃ

boekentas (de)	портфель	portfelʲ
pen (de)	калем сап	kalem sap
schrift (de)	дептер	depter
leerboek (het)	китеп	kitep
passer (de)	циркуль	tsɪrkulʲ

| technisch tekenen (ww) | чийүү | tʃijyy |
| technische tekening (de) | чийме | tʃijme |

gedicht (het)	ыр сап	ɪr sap
van buiten (bw)	жатка	dʒatka
van buiten leren	жаттоо	dʒattoo

vakantie (de)	эс алуу	es aluu
met vakantie zijn	эс алууда болуу	es aluuda boluu
vakantie doorbrengen	эс алууну өткөзүү	es aluunu øtkøzyy

toets (schriftelijke ~)	текшерүү иш	tekʃeryy iʃ
opstel (het)	дил баян	dil bajan
dictee (het)	жат жаздыруу	dʒat dʒazdɪruu
examen (het)	экзамен	ekzamen
examen afleggen	экзамен тапшыруу	ekzamen tapʃɪruu
experiment (het)	тажрыйба	tadʒrɪjba

118. Hogeschool. Universiteit

academie (de)	академия	akademija
universiteit (de)	университет	universitet
faculteit (de)	факультет	fakulʲtet

student (de)	студент бала	student bala
studente (de)	студент кыз	student kɪz
leraar (de)	мугалим	mugalim

| collegezaal (de) | дарскана | darskana |
| afgestudeerde (de) | окуу жайды бүтүрүүчү | okuu dʒajdɪ bytyryytʃy |

| diploma (het) | диплом | diplom |
| dissertatie (de) | диссертация | dissertatsija |

| onderzoek (het) | изилдөө | izildøø |
| laboratorium (het) | лаборатория | laboratorija |

college (het)	лекция	lektsija
medestudent (de)	курсташ	kurstaʃ
studiebeurs (de)	стипендия	stipendija
academische graad (de)	илимий даража	ilimij daradʒa

119. Wetenschappen. Disciplines

wiskunde (de)	математика	matematika
algebra (de)	алгебра	algebra
meetkunde (de)	геометрия	geometrija
astronomie (de)	астрономия	astronomija
biologie (de)	биология	biologija
geografie (de)	география	geografija
geologie (de)	геология	geologija
geschiedenis (de)	тарых	tarıx
geneeskunde (de)	медицина	meditsina
pedagogiek (de)	педагогика	pedagogika
rechten (mv.)	укук	ukuk
fysica, natuurkunde (de)	физика	fizika
scheikunde (de)	химия	ximija
filosofie (de)	философия	filosofija
psychologie (de)	психология	psixologija

120. Schrift. Spelling

grammatica (de)	грамматика	grammatika
vocabulaire (het)	лексика	leksika
fonetiek (de)	фонетика	fonetika
zelfstandig naamwoord (het)	зат атооч	zat atootʃ
bijvoeglijk naamwoord (het)	сын атооч	sın atootʃ
werkwoord (het)	этиш	etiʃ
bijwoord (het)	тактооч	taktootʃ
voornaamwoord (het)	ат атооч	at atootʃ
tussenwerpsel (het)	сырдык сөз	sırdık søz
voorzetsel (het)	препозиция	prepozitsija
stam (de)	сөздүн уңгусу	søzdyn uŋgusu
achtervoegsel (het)	жалгоо	dʒalgoo
voorvoegsel (het)	префикс	prefiks
lettergreep (de)	муун	muun
achtervoegsel (het)	суффикс	suffiks
nadruk (de)	басым	basım
afkappingsteken (het)	апостроф	apostrof
punt (de)	чекит	tʃekit
komma (de/het)	үтүр	ytyr
puntkomma (de)	чекитүү үтүр	tʃekityy ytyr
dubbelpunt (de)	кош чекит	koʃ tʃekit
beletselteken (het)	көп чекит	køp tʃekit
vraagteken (het)	суроо белгиси	suroo belgisi
uitroepteken (het)	илеп белгиси	ilep belgisi

aanhalingstekens (mv.)	тырмакча	tırmaktʃa
tussen aanhalingstekens (bw)	тырмакчага алынган	tırmaktʃaga alıngan
haakjes (mv.)	кашаа	kaʃaa
tussen haakjes (bw)	кашаага алынган	kaʃaaga alıngan
streepje (het)	дефис	defis
gedachtestreepje (het)	тире	tire
spatie	аралык	aralık
(~ tussen twee woorden)		
letter (de)	тамга	tamga
hoofdletter (de)	баш тамга	baʃ tamga
klinker (de)	үндүү тыбыш	yndyy tıbıʃ
medeklinker (de)	үнсүз тыбыш	ynsyz tıbıʃ
zin (de)	сүйлөм	syjløm
onderwerp (het)	сүйлөмдүн ээси	syjlømdyn eesi
gezegde (het)	баяндооч	bajandootʃ
regel (in een tekst)	сап	sap
op een nieuwe regel (bw)	жаңы сап	dʒaŋı sap
alinea (de)	абзац	abzats
woord (het)	сөз	søz
woordgroep (de)	сөз айкашы	søz ajkaʃı
uitdrukking (de)	туюнтма	tujʉntma
synoniem (het)	синоним	sinonim
antoniem (het)	антоним	antonim
regel (de)	эреже	eredʒe
uitzondering (de)	чектен чыгаруу	tʃekten tʃıgaruu
correct (bijv. ~e spelling)	туура	tuura
vervoeging, conjugatie (de)	жактоо	dʒaktoo
verbuiging, declinatie (de)	жөндөлүш	dʒøndølyʃ
naamval (de)	жөндөмө	dʒøndømø
vraag (de)	суроо	suroo
onderstrepen (ww)	баса белгилөө	basa belgiløø
stippellijn (de)	пунктир	punktir

121. Vreemde talen

taal (de)	тил	til
vreemd (bn)	чет	tʃet
vreemde taal (de)	чет тил	tʃet til
leren (bijv. van buiten ~)	окуу	okuu
studeren (Nederlands ~)	үйрөнүү	yjrønyy
lezen (ww)	окуу	okuu
spreken (ww)	сүйлөө	syjløø
begrijpen (ww)	түшүнүү	tyʃynyy
schrijven (ww)	жазуу	dʒazuu
snel (bw)	тез	tez

langzaam (bw)	жай	dʒaj
vloeiend (bw)	эркин	erkin

regels (mv.)	эрежелер	eredʒeler
grammatica (de)	грамматика	grammatika
vocabulaire (het)	лексика	leksika
fonetiek (de)	фонетика	fonetika

leerboek (het)	китеп	kitep
woordenboek (het)	сөздүк	søzdyk
leerboek (het) voor zelfstudie	өзү үйрөткүч	øzy yjrøtkytʃ
taalgids (de)	тилачар	tilatʃar

cassette (de)	кассета	kasseta
videocassette (de)	видеокассета	videokasseta
CD (de)	CD, компакт-диск	sidi, kompakt-disk
DVD (de)	DVD-диск	dividi-disk

alfabet (het)	алфавит	alfavit
spellen (ww)	эжелеп айтуу	edʒelep ajtuu
uitspraak (de)	айтылышы	ajtılıʃı

accent (het)	акцент	aktsent
met een accent (bw)	акцент менен	aktsent menen
zonder accent (bw)	акцентсиз	aktsentsiz

woord (het)	сөз	søz
betekenis (de)	маани	maani

cursus (de)	курстар	kurstar
zich inschrijven (ww)	курска жазылуу	kurska dʒazıluu
leraar (de)	окутуучу	okutuutʃu

vertaling (een ~ maken)	которуу	kotoruu
vertaling (tekst)	котормо	kotormo
vertaler (de)	котормочу	kotormotʃu
tolk (de)	оозеки котормочу	oozeki kotormotʃu

polyglot (de)	полиглот	poliglot
geheugen (het)	эс тутум	es tutum

122. Sprookjesfiguren

Sinterklaas (de)	Санта Клаус	santa klaus
Assepoester (de)	Күлала кыз	kylala kız
zeemeermin (de)	суу периси	suu perisi
Neptunus (de)	Нептун	neptun

magiër, tovenaar (de)	сыйкырчы	sıjkırtʃı
goede heks (de)	сыйкырчы	sıjkırtʃı
magisch (bn)	сыйкырдуу	sıjkırduu
toverstokje (het)	сыйкырлуу таякча	sıjkırluu tajaktʃa
sprookje (het)	жомок	dʒomok
wonder (het)	керемет	keremet

| dwerg (de) | эргежээл | ergedʒeel |
| veranderen in ...
(anders worden) | ...га айлануу | ...ga ajlanuu |

geest (de)	арбак	arbak
spook (het)	көрүнчү	køryntʃy
monster (het)	желмогуз	dʒelmoguz
draak (de)	ажыдаар	adʒɪdaar
reus (de)	дөө	døø

123. Dierenriem

Ram (de)	Кой	koj
Stier (de)	Букачар	bukatʃar
Tweelingen (mv.)	Эгиздер	egizder
Kreeft (de)	Рак	rak
Leeuw (de)	Арстан	arstan
Maagd (de)	Суу пери	suu peri

Weegschaal (de)	Тараза	taraza
Schorpioen (de)	Чаян	tʃajan
Boogschutter (de)	Жаачы	dʒaatʃɪ
Steenbok (de)	Текечер	teketʃer
Waterman (de)	Суу куяр	suu kujar
Vissen (mv.)	Балыктар	balɪktar

karakter (het)	мүнөз	mynøz
karaktertrekken (mv.)	мүнөздүн түрү	mynøzdyn tyry
gedrag (het)	жүрүм-турум	dʒyrym-turum
waarzeggen (ww)	төлгө ачуу	tølgø atʃuu
waarzegster (de)	көз ачык	køz atʃɪk
horoscoop (de)	жылдыз төлгө	dʒɪldɪz tølgø

Kunst

124. Theater

theater (het)	театр	teatr
opera (de)	опера	opera
operette (de)	оперетта	operetta
ballet (het)	балет	balet
affiche (de/het)	афиша	afiʃa
theatergezelschap (het)	труппа	truppa
tournee (de)	гастрольго чыгуу	gastrolʲgo tʃɪguu
op tournee zijn	гастрольдо журүү	gastrolʲdo dʒɣryy
repeteren (ww)	репетиция кылуу	repetitsija kɪluu
repetitie (de)	репетиция	repetitsija
repertoire (het)	репертуар	repertuar
voorstelling (de)	көрсөтүү	kørsøtyy
spektakel (het)	спектакль	spektaklʲ
toneelstuk (het)	пьеса	pjesa
biljet (het)	билет	bilet
kassa (de)	билет кассасы	bilet kassasɪ
foyer (de)	холл	χoll
garderobe (de)	гардероб	garderob
garderobe nummer (het)	номерок	nomerok
verrekijker (de)	дүрбү	dyrby
plaatsaanwijzer (de)	текшерүүчү	tekʃeryytʃy
parterre (de)	партер	parter
balkon (het)	балкон	balkon
gouden rang (de)	бельэтаж	beljetadʒ
loge (de)	ложа	lodʒa
rij (de)	катар	katar
plaats (de)	орун	orun
publiek (het)	эл	el
kijker (de)	көрүүчү	køryytʃy
klappen (ww)	кол чабуу	kol tʃabuu
applaus (het)	кол чабуулар	kol tʃabuular
ovatie (de)	дүркүрөгөн кол чабуулар	dyrkyrøgøn kol tʃabuular
toneel (op het ~ staan)	сахна	saχna
gordijn, doek (het)	көшөгө	køʃøgø
toneeldecor (het)	декорация	dekoratsija
backstage (de)	көшөгө артында	køʃøgø artɪnda
scène (de)	көрсөтмө	kørsøtmø
bedrijf (het)	окуя	okuja
pauze (de)	антракт	antrakt

125. Bioscoop

acteur (de)	актёр	aktⁱor
actrice (de)	актриса	aktrisa
bioscoop (de)	кино	kino
speelfilm (de)	тасма	tasma
aflevering (de)	серия	serija
detectivefilm (de)	детектив	detektiv
actiefilm (de)	салгылаш тасмасы	salgılaʃ tasması
avonturenfilm (de)	укмуштуу окуялуу тасма	ukmuʃtuu okujaluu tasma
sciencefictionfilm (de)	билим-жалган аралаш тасмасы	bilim-dʒalgan aralaʃ tasması
griezelfilm (de)	коркутуу тасмасы	korkutuu tasması
komedie (de)	күлкүлүү кино	kylkylyy kino
melodrama (het)	ый менен кайгы аралаш	ıy menen kajgı aralaʃ
drama (het)	драма	drama
speelfilm (de)	көркөм тасма	kørkøm tasma
documentaire (de)	документүү тасма	dokumentyy tasma
tekenfilm (de)	мультфильм	mulⁱtfilⁱm
stomme film (de)	үнсүз кино	ynsyz kino
rol (de)	роль	rolʲ
hoofdrol (de)	башкы роль	baʃkı rolʲ
spelen (ww)	ойноо	ojnoo
filmster (de)	кино жылдызы	kino dʒıldızı
bekend (bn)	белгилүү	belgilyy
beroemd (bn)	атактуу	ataktuu
populair (bn)	даңазалуу	daŋazaluu
scenario (het)	сценарий	stsenarij
scenarioschrijver (de)	сценарист	stsenarist
regisseur (de)	режиссёр	redʒissʲor
filmproducent (de)	продюсер	produser
assistent (de)	ассистент	assistent
cameraman (de)	оператор	operator
stuntman (de)	айлагер	ajlager
stuntdubbel (de)	кейпин кийүүчү	kejpin kijyytʃy
een film maken	тасма тартуу	tasma tartuu
auditie (de)	сыноо	sınoo
opnamen (mv.)	тартуу	tartuu
filmploeg (de)	тартуу группасы	tartuu gruppası
filmset (de)	тартуу аянты	tartuu ajantı
filmcamera (de)	кинокамера	kinokamera
bioscoop (de)	кинотеатр	kinoteatr
scherm (het)	экран	ekran
een film vertonen	тасманы көрсөтүү	tasmanı kørsøtyy
geluidsspoor (de)	үн нугу	yn nugu
speciale effecten (mv.)	атайын эффектер	atajın effekter

ondertiteling (de)	субтитрлер	subtitrler
voortiteling, aftiteling (de)	титрлер	titrler
vertaling (de)	которуу	kotoruu

126. Schilderij

kunst (de)	көркөм өнөр	kørkøm ønør
schone kunsten (mv.)	көркөм чеберчилик	kørkøm ʧeberʧilik
kunstgalerie (de)	арт-галерея	art-galereja
kunsttentoonstelling (de)	сүрөт көргөзмөсү	syrøt kørgøzmøsy
schilderkunst (de)	живопись	dʒivopisʲ
grafiek (de)	графика	grafika
abstracte kunst (de)	абстракционизм	abstraktsionizm
impressionisme (het)	импрессионизм	impressionizm
schilderij (het)	сүрөт	syrøt
tekening (de)	сүрөт	syrøt
poster (de)	көрнөк	kørnøk
illustratie (de)	иллюстрация	illustratsija
miniatuur (de)	миниатюра	miniatura
kopie (de)	көчүрмө	køʧyrmø
reproductie (de)	репродукция	reproduktsija
mozaïek (het)	мозаика	mozaika
gebrandschilderd glas (het)	витраж	vitradʒ
fresco (het)	фреска	freska
gravure (de)	гравюра	gravura
buste (de)	бюст	bust
beeldhouwwerk (het)	айкел	ajkel
beeld (bronzen ~)	айкел	ajkel
gips (het)	гипс	gips
gipsen (bn)	гипстен	gipsten
portret (het)	портрет	portret
zelfportret (het)	автопортрет	avtoportret
landschap (het)	теребел сүрөтү	terebel syrøty
stilleven (het)	буюмдар сүрөтү	bujumdar syrøty
karikatuur (de)	карикатура	karikatura
schets (de)	сомо	somo
verf (de)	боек	boek
aquarel (de)	акварель	akvarelʲ
olieverf (de)	майбоёк	majbojok
potlood (het)	карандаш	karandaʃ
Oost-Indische inkt (de)	тушь	tuʃ
houtskool (de)	көмүр	kømyr
tekenen (met krijt)	тартуу	tartuu
schilderen (ww)	боёк менен тартуу	bojok menen tartuu
poseren (ww)	атайын туруу	atajın turuu
naaktmodel (man)	атайын туруучу	atajın turuuʧu

naaktmodel (vrouw)	атайын туруучу	atajın turuutʃu
kunstenaar (de)	сүрөтчү	syrøttʃy
kunstwerk (het)	чыгарма	tʃıgarma
meesterwerk (het)	чеберчиликтин чокусу	tʃebertʃiliktin tʃokusu
studio, werkruimte (de)	устакана	ustakana

schildersdoek (het)	кендир	kendir
schildersezel (de)	мольберт	molʲbert
palet (het)	палитра	palitra

lijst (een vergulde ~)	алкак	alkak
restauratie (de)	калыбына келтирүү	kalıbına keltiryy
restaureren (ww)	калыбына келтирүү	kalıbına keltiryy

127. Literatuur & Poëzie

literatuur (de)	адабият	adabijat
auteur (de)	автор	avtor
pseudoniem (het)	лакап ат	lakap at

boek (het)	китеп	kitep
boekdeel (het)	том	tom
inhoudsopgave (de)	мазмун	mazmun
pagina (de)	бет	bet
hoofdpersoon (de)	башкы каарман	baʃkı kaarman
handtekening (de)	кол тамга	kol tamga

verhaal (het)	окуя	okuja
novelle (de)	аңгеме	aŋgeme
roman (de)	роман	roman
werk (literatuur)	дил баян	dil bajan
fabel (de)	тамсил	tamsil
detectiveroman (de)	детектив	detektiv

gedicht (het)	ыр сап	ır sap
poëzie (de)	поэзия	poezija
epos (het)	поэма	poema
dichter (de)	акын	akın

fictie (de)	сулуулатып жазуу	suluulatıp dʒazuu
sciencefiction (de)	билим-жалган аралаш	bilim-dʒalgan aralaʃ
avonturenroman (de)	укмуштуу окуялар	ukmuʃtuu okujalar
opvoedkundige literatuur (de)	билим берүү адабияты	bilim beryy adabijatı
kinderliteratuur (de)	балдар адабияты	baldar adabijatı

128. Circus

circus (de/het)	цирк	tsırk
chapiteau circus (de/het)	цирк-шапито	tsırk-ʃapito
programma (het)	программа	programma
voorstelling (de)	көрсөтүү	kørsøtyy
nummer (circus ~)	номер	nomer

arena (de)	арена	arena
pantomime (de)	пантомима	pantomima
clown (de)	маскарапоз	maskarapoz
acrobaat (de)	акробат	akrobat
acrobatiek (de)	акробатика	akrobatika
gymnast (de)	гимнаст	gimnast
gymnastiek (de)	гимнастика	gimnastika
salto (de)	тоңкочуктап атуу	toŋkotʃuktap atuu
sterke man (de)	атлет	atlet
temmer (de)	ыкка көндүрүүчү	ıkka køndyryytʃy
ruiter (de)	чабандес	tʃabandes
assistent (de)	жардамчы	dʒardamtʃı
stunt (de)	ыкма	ıkma
goocheltruc (de)	көз боемо	køz boemo
goochelaar (de)	көз боемочу	køz boemotʃu
jongleur (de)	жонглёр	dʒonglʲor
jongleren (ww)	жонглёрлук кылуу	dʒonglʲorluk kıluu
dierentrainer (de)	үйрөтүүчү	yjrøtyytʃy
dressuur (de)	үйрөтүү	yjrøtyy
dresseren (ww)	үйрөтүү	yjrøtyy

129. Muziek. Popmuziek

muziek (de)	музыка	muzıka
muzikant (de)	музыкант	muzıkant
muziekinstrument (het)	музыка аспабы	muzıka aspabı
spelen (bijv. gitaar ~)	...да ойноо	...da ojnoo
gitaar (de)	гитара	gitara
viool (de)	скрипка	skripka
cello (de)	виолончель	violontʃelʲ
contrabas (de)	контрабас	kontrabas
harp (de)	арфа	arfa
piano (de)	пианино	pianino
vleugel (de)	рояль	rojalʲ
orgel (het)	орган	organ
blaasinstrumenten (mv.)	үйлө аспаптары	yjlø aspaptarı
hobo (de)	гобой	goboj
saxofoon (de)	саксофон	saksofon
klarinet (de)	кларнет	klarnet
fluit (de)	флейта	flejta
trompet (de)	сурнай	surnaj
accordeon (de/het)	аккордеон	akkordeon
trommel (de)	добулбас	dobulbas
duet (het)	дуэт	duet
trio (het)	трио	trio

kwartet (het)	квартет	kvartet
koor (het)	хор	χor
orkest (het)	оркестр	orkestr
popmuziek (de)	поп-музыка	pop-muzıka
rockmuziek (de)	рок-музыка	rok-muzıka
rockgroep (de)	рок-группа	rok-gruppa
jazz (de)	джаз	dʒaz
idool (het)	аздек	azdek
bewonderaar (de)	күйөрман	kyjørman
concert (het)	концерт	kontsert
symfonie (de)	симфония	simfonija
compositie (de)	чыгарма	ʧıgarma
componeren (muziek ~)	чыгаруу	ʧıgaruu
zang (de)	ырдоо	ırdoo
lied (het)	ыр	ır
melodie (de)	обон	obon
ritme (het)	ыргак	ırgak
blues (de)	блюз	blʉz
bladmuziek (de)	ноталар	notalar
dirigeerstok (baton)	таякча	tajakʧa
strijkstok (de)	кылдуу таякча	kılduu tajakʧa
snaar (de)	кыл	kıl
koffer (de)	куту	kutu

Rusten. Entertainment. Reizen

130. Trip. Reizen

toerisme (het)	туризм	turizm
toerist (de)	турист	turist
reis (de)	саякат	sajakat
avontuur (het)	укмуштуу окуя	ukmuʃtuu okuja
tocht (de)	сапар	sapar
vakantie (de)	дем алыш	dem alıʃ
met vakantie zijn	дем алышка чыгуу	dem alıʃka tʃıguu
rust (de)	эс алуу	es aluu
trein (de)	поезд	poezd
met de trein	поезд менен	poezd menen
vliegtuig (het)	учак	utʃak
met het vliegtuig	учакта	utʃakta
met de auto	автомобилде	avtomobilde
per schip (bw)	кемеде	kemede
bagage (de)	жүк	dʒyk
valies (de)	чемодан	tʃemodan
bagagekarretje (het)	араба	araba
paspoort (het)	паспорт	pasport
visum (het)	виза	viza
kaartje (het)	билет	bilet
vliegticket (het)	авиабилет	aviabilet
reisgids (de)	жол көрсөткүч	dʒol kørsøtkytʃ
kaart (de)	карта	karta
gebied (landelijk ~)	жай	dʒaj
plaats (de)	жер	dʒer
exotische bestemming (de)	экзотика	ekzotika
exotisch (bn)	экзотикалуу	ekzotikaluu
verwonderlijk (bn)	ажайып	adʒajıp
groep (de)	топ	top
rondleiding (de)	экскурсия	ekskursija
gids (de)	экскурсия жетекчиси	ekskursija dʒetektʃisi

131. Hotel

motel (het)	мотель	moteli
3-sterren	үч жылдыздуу	ytʃ dʒıldızduu
5-sterren	беш жылдыздуу	beʃ dʒıldızduu

overnachten (ww)	токтоо	toktoo
kamer (de)	номер	nomer
eenpersoonskamer (de)	бир орундуу	bir orunduu
tweepersoonskamer (de)	эки орундуу	eki orunduu
een kamer reserveren	номерди камдык буйрутмалоо	nomerdi kamdık bujrutmaloo

| halfpension (het) | жарым пансион | dʒarım pansion |
| volpension (het) | толук пансион | toluk pansion |

met badkamer	ваннасы менен	vannası menen
met douche	душ менен	duʃ menen
satelliet-tv (de)	спутник	sputnik
airconditioner (de)	аба желдеткич	aba dʒeldetkitʃ
handdoek (de)	сүлгү	sylgy
sleutel (de)	ачкыч	atʃkıtʃ

administrateur (de)	администратор	administrator
kamermeisje (het)	үй кызматкери	yj kızmatkeri
piccolo (de)	жүк ташуучу	dʒyk taʃuutʃu
portier (de)	эшик ачуучу	eʃik atʃuutʃu

restaurant (het)	ресторан	restoran
bar (de)	бар	bar
ontbijt (het)	таңкы тамак	taŋkı tamak
avondeten (het)	кечки тамак	ketʃki tamak
buffet (het)	шведче стол	ʃvedtʃe stol

| hal (de) | вестибюль | vestibʉlʲ |
| lift (de) | лифт | lift |

| NIET STOREN | ТЫНЧЫБЫЗДЫ АЛБАГЫЛА! | tıntʃıbızdı albagıla! |
| VERBODEN TE ROKEN! | ТАМЕКИ ЧЕГҮҮГӨ БОЛБОЙТ! | tameki tʃegyygø bolbojt! |

132. Boeken. Lezen

boek (het)	китеп	kitep
auteur (de)	автор	avtor
schrijver (de)	жазуучу	dʒazuutʃu
schrijven (een boek)	жазуу	dʒazuu

lezer (de)	окурман	okurman
lezen (ww)	окуу	okuu
lezen (het)	окуу	okuu

| stil (~ lezen) | үн чыгарбай | yn tʃıgarbaj |
| hardop (~ lezen) | үн чыгарып | yn tʃıgarıp |

uitgeven (boek ~)	басып чыгаруу	basıp tʃıgaruu
uitgeven (het)	басып чыгаруу	basıp tʃıgaruu
uitgever (de)	басып чыгаруучу	basıp tʃıgaruutʃu
uitgeverij (de)	басмакана	basmakana

verschijnen (bijv. boek)	жарык көрүү	dʒarık køryy
verschijnen (het)	чыгуу	tʃıguu
oplage (de)	нуска	nuska

| boekhandel (de) | китеп дүкөнү | kitep dykøny |
| bibliotheek (de) | китепкана | kitepkana |

novelle (de)	аңгеме	aŋgeme
verhaal (het)	окуя	okuja
roman (de)	роман	roman
detectiveroman (de)	детектив	detektiv

memoires (mv.)	эсте калгандары	este kalgandarı
legende (de)	уламыш	ulamıʃ
mythe (de)	миф	mif

gedichten (mv.)	ыр	ır
autobiografie (de)	автобиография	avtobiografija
bloemlezing (de)	тандалма	tandalma
sciencefiction (de)	билим-жалган аралаш	bilim-dʒalgan aralaʃ

naam (de)	аталышы	atalıʃı
inleiding (de)	кириш сөз	kiriʃ søz
voorblad (het)	наам барагы	naam baragı

hoofdstuk (het)	бөлум	bølum
fragment (het)	үзүндү	yzyndy
episode (de)	эпизод	epizod

intrige (de)	сюжет	sudʒet
inhoud (de)	мазмун	mazmun
inhoudsopgave (de)	мазмун	mazmun
hoofdpersonage (het)	башкы каарман	baʃkı kaarman

boekdeel (het)	том	tom
omslag (de/het)	мукаба	mukaba
boekband (de)	мукабалоо	mukabaloo
bladwijzer (de)	чөп кат	tʃøp kat

pagina (de)	бет	bet
bladeren (ww)	барактоо	baraktoo
marges (mv.)	талаа	talaa
annotatie (de)	белги	belgi
opmerking (de)	эскертүү	eskertyy

tekst (de)	текст	tekst
lettertype (het)	шрифт	ʃrift
drukfout (de)	ката	kata

vertaling (de)	котормо	kotormo
vertalen (ww)	которуу	kotoruu
origineel (het)	түпнуска	typnuska

beroemd (bn)	атактуу	ataktuu
onbekend (bn)	белгисиз	belgisiz
interessant (bn)	кызыктуу	kızıktuu

bestseller (de)	талашып сатып алынган	talaʃıp satıp alıngan
woordenboek (het)	сөздүк	søzdyk
leerboek (het)	китеп	kitep
encyclopedie (de)	энциклопедия	entsiklopedija

133. Jacht. Vissen

jacht (de)	аңчылык	aŋtʃılık
jagen (ww)	аңчылык кылуу	aŋtʃılık kıluu
jager (de)	аңчы	aŋtʃı
schieten (ww)	атуу	atuu
geweer (het)	мылтык	mıltık
patroon (de)	ок	ok
hagel (de)	чачма	tʃatʃma
val (de)	капкан	kapkan
valstrik (de)	тузак	tuzak
in de val trappen	капканга түшүү	kapkanga tyʃyy
een val zetten	капкан коюу	kapkan kojʉu
stroper (de)	браконьер	brakonjer
wild (het)	илбээсин	ilbeesin
jachthond (de)	тайган	tajgan
safari (de)	сафари	safari
opgezet dier (het)	кеп	kep
visser (de)	балыкчы	balıktʃı
visvangst (de)	балык улоо	balık uloo
vissen (ww)	балык улоо	balık uloo
hengel (de)	кайырмак	kajırmak
vislijn (de)	кайырмак жиби	kajırmak dʒibi
haak (de)	илгич	ilgitʃ
dobber (de)	калкыма	kalkıma
aas (het)	жем	dʒem
de hengel uitwerpen	кайырмак таштоо	kajırmak taʃtoo
bijten (ov. de vissen)	чокулоо	tʃokuloo
vangst (de)	кармалган балык	karmalgan balık
wak (het)	муздагы оюк	muzdagı ojʉk
net (het)	тор	tor
boot (de)	кайык	kajık
vissen met netten	тор менен кармоо	tor menen karmoo
het net uitwerpen	тор таштоо	tor taʃtoo
het net binnenhalen	торду чыгаруу	tordu tʃıgaruu
in het net vallen	торго түшүү	torgo tyʃyy
walvisvangst (de)	кит уулоочу	kit uulootʃu
walvisvaarder (de)	кит уулоочу кеме	kit uulootʃu keme
harpoen (de)	гарпун	garpun

134. Spellen. Biljart

biljart (het)	бильярд	biljard
biljartzaal (de)	бильярдкана	biljardkana
biljartbal (de)	бильярд шары	biljard ʃarı
een bal in het gat jagen	шарды киргизүү	ʃardı kirgizyy
keu (de)	кий	kij
gat (het)	луза	luza

135. Spellen. Speelkaarten

ruiten (mv.)	момун	momun
schoppen (mv.)	карга	karga
klaveren (mv.)	кызыл ача	kızıl atʃa
harten (mv.)	чырым	tʃırım
aas (de)	туз	tuz
koning (de)	король	korolʲ
dame (de)	матке	matke
boer (de)	балта	balta
speelkaart (de)	оюн картасы	ojʉn kartası
kaarten (mv.)	карталар	kartalar
troef (de)	көзүр	køzyr
pak (het) kaarten	колода	koloda
punt (bijv. vijftig ~en)	очко	otʃko
uitdelen (kaarten ~)	таратуу	taratuu
schudden (de kaarten ~)	аралаштыруу	aralaʃtıruu
beurt (de)	жүрүү	dʒyryy
valsspeler (de)	шумпай	ʃumpaj

136. Rusten. Spellen. Diversen

wandelen (on.ww.)	сейилдөө	sejildøø
wandeling (de)	жөө сейилдөө	dʒøø sejildøø
trip (per auto)	саякат	sajakat
avontuur (het)	укмуштуу окуя	ukmuʃtuu okuja
picknick (de)	пикник	piknik
spel (het)	оюн	ojʉn
speler (de)	оюнчу	ojʉntʃu
partij (de)	партия	partija
collectioneur (de)	жыйнакчы	dʒıjnaktʃı
collectioneren (ww)	жыйноо	dʒıjnoo
collectie (de)	жыйнак	dʒıjnak
kruiswoordraadsel (het)	кроссворд	krossvord
hippodroom (de)	ат майданы	at majdanı

discotheek (de)	дискотека	diskoteka
sauna (de)	сауна	sauna
loterij (de)	лотерея	lotereja

trektocht (kampeertocht)	жөө сапар	dʒøø sapar
kamp (het)	лагерь	lagerʲ
tent (de)	чатыр	tʃatır
kompas (het)	компас	kompas
rugzaktoerist (de)	турист	turist

bekijken (een film ~)	көрүү	køryy
kijker (televisie~)	телекөрүүчү	telekøryytʃy
televisie-uitzending (de)	теле көрсөтүү	tele kørsøtyy

137. Fotografie

| fotocamera (de) | фотоаппарат | fotoapparat |
| foto (de) | фото | foto |

fotograaf (de)	сүрөтчү	syrøttʃy
fotostudio (de)	фотостудия	fotostudija
fotoalbum (het)	фотоальбом	fotoalʲbom

lens (de), objectief (het)	объектив	obʰjektiv
telelens (de)	телеобъектив	teleobʰjektiv
filter (de/het)	фильтр	filʲtr
lens (de)	линза	linza

optiek (de)	оптика	optika
diafragma (het)	диафрагма	diafragma
belichtingstijd (de)	тушугуу	tuʃuguu
zoeker (de)	көрүнүш табуучу	kørynyʃ tabuutʃu

digitale camera (de)	санарип камерасы	sanarip kamerası
statief (het)	үч бут	ytʃ but
flits (de)	жарк этүү	dʒark etyy

fotograferen (ww)	сүрөткө тартуу	syrøtkø tartuu
foto's maken	тартуу	tartuu
zich laten fotograferen	сүрөткө түшүү	syrøtkø tyʃyy

focus (de)	фокус	fokus
scherpstellen (ww)	фокусту ондоо	fokustu oŋdoo
scherp (bn)	фокуста	fokusta
scherpte (de)	дааналык	daanalık

| contrast (het) | контраст | kontrast |
| contrastrijk (bn) | контрасттагы | kontrasttagı |

kiekje (het)	сүрөт	syrøt
negatief (het)	негатив	negativ
filmpje (het)	фотоплёнка	fotoplʲonka
beeld (frame)	кадр	kadr
afdrukken (foto's ~)	басып чыгаруу	basıp tʃıgaruu

138. Strand. Zwemmen

strand (het)	суу жээги	suu dʒeegi
zand (het)	кум	kum
leeg (~ strand)	ээн суу жээги	een suu dʒeegi
bruine kleur (de)	күнгө күйүү	kyngø kyjyy
zonnebaden (ww)	күнгө кактануу	kyngø kaktanuu
gebruind (bn)	күнгө күйгөн	kyngø kyjgøn
zonnecrème (de)	күнгө күйүш үчүн крем	kyngø kyjyʃ ytʃyn krem
bikini (de)	бикини	bikini
badpak (het)	купальник	kupalʲnik
zwembroek (de)	плавки	plavki
zwembad (het)	бассейн	bassejn
zwemmen (ww)	сүзүү	syzyy
douche (de)	душ	duʃ
zich omkleden (ww)	кийим алмаштыруу	kijim almaʃtıruu
handdoek (de)	сүлгү	sylgy
boot (de)	кайык	kajık
motorboot (de)	катер	kater
waterski's (mv.)	суу чаңгысы	suu tʃaŋgısı
waterfiets (de)	суу велосипеди	suu velosipedi
surfen (het)	тактай тебүү	taktaj tebyy
surfer (de)	тактай тебүүчү	taktaj tebyytʃy
scuba, aqualong (de)	акваланг	akvalang
zwemvliezen (mv.)	ласты	lastı
duikmasker (het)	маска	maska
duiker (de)	сууга сүңгүү	suuga syŋgyy
duiken (ww)	сүңгүү	syŋgyy
onder water (bw)	суу астында	suu astında
parasol (de)	зонт	zont
ligstoel (de)	шезлонг	ʃezlong
zonnebril (de)	көз айнек	køz ajnek
luchtmatras (de/het)	сүзүү үчүн матрас	syzyy ytʃyn matras
spelen (ww)	ойноо	ojnoo
gaan zwemmen (ww)	сууга түшүү	suuga tyʃyy
bal (de)	топ	top
opblazen (oppompen)	үйлөө	yjløø
lucht-, opblaasbare (bn)	үйлөнмө	yjlønmø
golf (hoge ~)	толкун	tolkun
boei (de)	буй	buj
verdrinken (ww)	чөгүү	tʃøgyy
redden (ww)	куткаруу	kutkaruu
reddingsvest (de)	куткаруучу күрмө	kutkaruutʃu kyrmø
waarnemen (ww)	байкоо	bajkoo
redder (de)	куткаруучу	kutkaruutʃu

TECHNISCHE APPARATUUR. VERVOER

Technische apparatuur

139. Computer

computer (de)	компьютер	kompjuter
laptop (de)	ноутбук	noutbuk
aanzetten (ww)	күйгүзүү	kyjgyzyy
uitzetten (ww)	өчүрүү	øʧyryy
toetsenbord (het)	ариптакта	ariptakta
toets (enter~)	баскыч	baskıʧ
muis (de)	чычкан	ʧıʧkan
muismat (de)	килемче	kilemʧe
knopje (het)	баскыч	baskıʧ
cursor (de)	курсор	kursor
monitor (de)	монитор	monitor
scherm (het)	экран	ekran
harde schijf (de)	катуу диск	katuu disk
volume (het) van de harde schijf	катуу дисктин көлөмү	katuu disktin kølømy
geheugen (het)	эс тутум	es tutum
RAM-geheugen (het)	оперативдик эс тутум	operativdik es tutum
bestand (het)	файл	fajl
folder (de)	папка	papka
openen (ww)	ачуу	aʧuu
sluiten (ww)	жабуу	dʒabuu
opslaan (ww)	сактоо	saktoo
verwijderen (wissen)	жок кылуу	dʒok kıluu
kopiëren (ww)	көчүрүү	køʧyryy
sorteren (ww)	иреттөө	irettøø
overplaatsen (ww)	өткөрүү	øtkøryy
programma (het)	программа	programma
software (de)	программалык	programmalık
programmeur (de)	программист	programmist
programmeren (ww)	программалаштыруу	programmalaʃtıruu
hacker (computerkraker)	хакер	χaker
wachtwoord (het)	сырсөз	sırsøz
virus (het)	вирус	virus
ontdekken (virus ~)	издеп табуу	izdep tabuu

byte (de)	байт	bajt
megabyte (de)	мегабайт	megabajt
data (de)	маалыматтар	maalımattar
databank (de)	маалымат базасы	maalımat bazası
kabel (USB-~, enz.)	кабель	kabelʲ
afsluiten (ww)	ажыратуу	adʒıratuu
aansluiten op (ww)	туташтыруу	tutaʃtıruu

140. Internet. E-mail

internet (het)	интернет	internet
browser (de)	браузер	brauzer
zoekmachine (de)	издөө аспабы	izdøø aspabı
internetprovider (de)	провайдер	provajder
webmaster (de)	веб-мастер	web-master
website (de)	веб-сайт	web-sajt
webpagina (de)	веб-баракча	web-baraktʃa
adres (het)	дарек	darek
adresboek (het)	дарек китепчеси	darek kiteptʃesi
postvak (het)	почта ящиги	potʃta jaʃtʃigi
post (de)	почта	potʃta
vol (~ postvak)	толуп калган	tolup kalgan
bericht (het)	кабар	kabar
binnenkomende berichten (mv.)	келген кабарлар	kelgen kabarlar
uitgaande berichten (mv.)	жөнөтүлгөн кабарлар	dʒønøtylgøn kabarlar
verzender (de)	жөнөтүүчү	dʒønøtyytʃy
verzenden (ww)	жөнөтүү	dʒønøtyy
verzending (de)	жөнөтүү	dʒønøtyy
ontvanger (de)	алуучу	aluutʃu
ontvangen (ww)	алуу	aluu
correspondentie (de)	жазышуу	dʒazıʃuu
corresponderen (met ...)	жазышуу	dʒazıʃuu
bestand (het)	файл	fajl
downloaden (ww)	жүктөө	dʒyktøø
creëren (ww)	жаратуу	dʒaratuu
verwijderen (een bestand ~)	жок кылуу	dʒok kıluu
verwijderd (bn)	жок кылынган	dʒok kılıngan
verbinding (de)	байланыш	bajlanıʃ
snelheid (de)	ылдамдык	ıldamdık
modem (de)	модем	modem
toegang (de)	жеткирилүү	dʒetkirilyy
poort (de)	порт	port

aansluiting (de)	туташуу	tutaʃuu
zich aansluiten (ww)	... туташуу	... tutaʃuu
selecteren (ww)	тандоо	tandoo
zoeken (ww)	... издөө	... izdøø

Vervoer

141. Vliegtuig

vliegtuig (het)	учак	utʃak
vliegticket (het)	авиабилет	aviabilet
luchtvaartmaatschappij (de)	авиакомпания	aviakompanija
luchthaven (de)	аэропорт	aeroport
supersonisch (bn)	сверхзвуковой	sverχzvukovoj
gezagvoerder (de)	кеме командири	keme komandiri
bemanning (de)	экипаж	ekipadʒ
piloot (de)	учкуч	utʃkutʃ
stewardess (de)	стюардесса	stɯardessa
stuurman (de)	штурман	ʃturman
vleugels (mv.)	канаттар	kanattar
staart (de)	куйрук	kujruk
cabine (de)	кабина	kabina
motor (de)	кыймылдаткыч	kɯjmɯldatkɯtʃ
landingsgestel (het)	шасси	ʃassi
turbine (de)	турбина	turbina
propeller (de)	пропеллер	propeller
zwarte doos (de)	кара куту	kara kutu
stuur (het)	штурвал	ʃturval
brandstof (de)	күйүүчү май	kyjyytʃy may
veiligheidskaart (de)	коопсуздук көрсөтмөсү	koopsuzduk kørsøtmøsy
zuurstofmasker (het)	кислород чүмбөтү	kislorod tʃymbøty
uniform (het)	бир беткей кийим	bir betkey kijim
reddingsvest (de)	куткаруучу күрмө	kutkaruutʃu kyrmø
parachute (de)	парашют	paraʃɯt
opstijgen (het)	учуп көтөрүлүү	utʃup køtørylyy
opstijgen (ww)	учуп көтөрүлүү	utʃup køtørylyy
startbaan (de)	учуп чыгуу тилкеси	utʃup tʃɯguu tilkesi
zicht (het)	көрүнүш	kørynyʃ
vlucht (de)	учуу	utʃuu
hoogte (de)	бийиктик	bijiktik
luchtzak (de)	аба чүңкуру	aba tʃyŋkuru
plaats (de)	орун	orun
koptelefoon (de)	кулакчын	kulaktʃɯn
tafeltje (het)	бүктөлмө стол	byktølmø stol
venster (het)	иллюминатор	illɯminator
gangpad (het)	өтмөк	øtmøk

142. Trein

trein (de)	поезд	poezd
elektrische trein (de)	электричка	elektritʃka
sneltrein (de)	бат жүрүүчү поезд	bat dʒyryytʃy poezd
diesellocomotief (de)	тепловоз	teplovoz
stoomlocomotief (de)	паровоз	parovoz
rijtuig (het)	вагон	vagon
restauratierijtuig (het)	вагон-ресторан	vagon-restoran
rails (mv.)	рельсалар	relʲsalar
spoorweg (de)	темир жолу	temir dʒolu
dwarsligger (de)	шпала	ʃpala
perron (het)	платформа	platforma
spoor (het)	жол	dʒol
semafoor (de)	семафор	semafor
halte (bijv. kleine treinhalte)	бекет	beket
machinist (de)	машинист	maʃinist
kruier (de)	жук ташуучу	dʒuk taʃuutʃu
conducteur (de)	проводник	provodnik
passagier (de)	жүргүнчү	dʒyrgyntʃy
controleur (de)	текшерүүчү	tekʃeryytʃy
gang (in een trein)	коридор	koridor
noodrem (de)	стоп-кран	stop-kran
coupé (de)	купе	kupe
bed (slaapplaats)	текче	tektʃe
bovenste bed (het)	үстүңкү текче	ystyŋky tektʃe
onderste bed (het)	ылдыйкы текче	ıldıjkı tektʃe
beddengoed (het)	жууркан-төшөк	dʒuurkan-tøʃøk
kaartje (het)	билет	bilet
dienstregeling (de)	ырааттама	ıraattama
informatiebord (het)	табло	tablo
vertrekken	жөнөө	dʒønøø
(De trein vertrekt …)		
vertrek (ov. een trein)	жөнөө	dʒønøø
aankomen (ov. de treinen)	келүү	kelyy
aankomst (de)	келүү	kelyy
aankomen per trein	поезд менен келүү	poezd menen kelyy
in de trein stappen	поездге отуруу	poezdge oturuu
uit de trein stappen	поездден түшүү	poezdden tyʃyy
treinwrak (het)	кыйроо	kıjroo
ontspoord zijn	рельсадан чыгып кетүү	relʲsadan tʃıgıp ketyy
stoomlocomotief (de)	паровоз	parovoz
stoker (de)	от жагуучу	ot dʒaguutʃu
stookplaats (de)	меш	meʃ
steenkool (de)	көмүр	kømyr

143. Schip

schip (het)	кеме	keme
vaartuig (het)	кеме	keme
stoomboot (de)	пароход	paroχod
motorschip (het)	теплоход	teploχod
lijnschip (het)	лайнер	lajner
kruiser (de)	крейсер	krejser
jacht (het)	яхта	jaχta
sleepboot (de)	буксир	buksir
duwbak (de)	баржа	bardʒa
ferryboot (de)	паром	parom
zeilboot (de)	парус	parus
brigantijn (de)	бригантина	brigantina
ijsbreker (de)	муз жаргыч кеме	muz dʒargıtʃ keme
duikboot (de)	суу астында жүрүүчү кеме	suu astında dʒyryytʃy keme
boot (de)	кайык	kajık
sloep (de)	шлюпка	ʃlʉpka
reddingssloep (de)	куткаруу шлюпкасы	kutkaruu ʃlʉpkası
motorboot (de)	катер	kater
kapitein (de)	капитан	kapitan
zeeman (de)	матрос	matros
matroos (de)	деңизчи	deŋiztʃi
bemanning (de)	экипаж	ekipadʒ
bootsman (de)	боцман	botsman
scheepsjongen (de)	юнга	jʉnga
kok (de)	кок	kok
scheepsarts (de)	кеме доктуру	keme dokturu
dek (het)	палуба	paluba
mast (de)	мачта	matʃta
zeil (het)	парус	parus
ruim (het)	трюм	trʉm
voorsteven (de)	тумшук	tumʃuk
achtersteven (de)	кеменин арткы бөлүгү	kemenin artkı bølygy
roeispaan (de)	калак	kalak
schroef (de)	винт	vint
kajuit (de)	каюта	kajʉta
officierskamer (de)	кают-компания	kajʉt-kompanija
machinekamer (de)	машина бөлүгү	maʃina bølygy
brug (de)	капитан мостиги	kapitan mostigi
radiokamer (de)	радиорубка	radiorubka
radiogolf (de)	толкун	tolkun
logboek (het)	кеме журналы	keme dʒurnalı
verrekijker (de)	дүрбү	dyrby

| klok (de) | коңгуроо | konguroo |
| vlag (de) | байрак | bajrak |

| kabel (de) | аркан | arkan |
| knoop (de) | түйүн | tyjyn |

| leuning (de) | туткуч | tutkuʧ |
| trap (de) | трап | trap |

anker (het)	кеме казык	keme kazık
het anker lichten	кеме казыкты көтөрүү	keme kazıktı kötöryy
het anker neerlaten	кеме казыкты таштоо	keme kazıktı taʃtoo
ankerketting (de)	казык чынжыры	kazık ʧındʒırı

haven (bijv. containerhaven)	порт	port
kaai (de)	причал	priʧal
aanleggen (ww)	келип токтоо	kelip toktoo
wegvaren (ww)	жээктен алыстоо	dʒeekten alıstoo

reis (de)	саякат	sajakat
cruise (de)	деңиз саякаты	deŋiz sajakatı
koers (de)	курс	kurs
route (de)	каттам	kattam

vaarwater (het)	фарватер	farvater
zandbank (de)	тайыз жер	tajız dʒer
stranden (ww)	тайыз жерге отуруу	tajız dʒerge oturuu

storm (de)	бороон чапкын	boroon ʧapkın
signaal (het)	сигнал	signal
zinken (ov. een boot)	чөгүү	ʧögyy
Man overboord!	Сууда адам бар!	suuda adam bar!
SOS (noodsignaal)	SOS	sos
reddingsboei (de)	куткаруучу тегерек	kutkaruuʧu tegerek

144. Vliegveld

luchthaven (de)	аэропорт	aeroport
vliegtuig (het)	учак	uʧak
luchtvaartmaatschappij (de)	авиакомпания	aviakompanija
luchtverkeersleider (de)	авиадиспетчер	aviadispetʧer

vertrek (het)	учуп кетүү	uʧup ketyy
aankomst (de)	учуп келүү	uʧup kelyy
aankomen (per vliegtuig)	учуп келүү	uʧup kelyy

| vertrektijd (de) | учуп кетүү убактысы | uʧup ketyy ubaktısı |
| aankomstuur (het) | учуп келүү убактысы | uʧup kelyy ubaktısı |

| vertraagd zijn (ww) | кармалуу | karmaluu |
| vluchtvertraging (de) | учуп кетүүнүн кечигиши | uʧup ketyynyn ketʃigiʃi |

| informatiebord (het) | маалымат таблосу | maalımat tablosu |
| informatie (de) | маалымат | maalımat |

aankondigen (ww)	кулактандыруу	kulaktandıruu
vlucht (bijv. KLM ~)	рейс	rejs
douane (de)	бажыкана	badʒıkana
douanier (de)	бажы кызматкери	badʒı kızmatkeri
douaneaangifte (de)	бажы декларациясы	badʒı deklaratsijası
invullen (douaneaangifte ~)	толтуруу	tolturuu
een douaneaangifte invullen	декларация толтуруу	deklaratsija tolturuu
paspoortcontrole (de)	паспорт текшерүү	pasport tekʃeryy
bagage (de)	жүк	dʒyk
handbagage (de)	кол жүгү	kol dʒygy
bagagekarretje (het)	араба	araba
landing (de)	конуу	konuu
landingsbaan (de)	конуу тилкеси	konuu tilkesi
landen (ww)	конуу	konuu
vliegtuigtrap (de)	трап	trap
inchecken (het)	катталуу	kattaluu
incheckbalie (de)	каттоо стойкасы	kattoo stojkası
inchecken (ww)	катталуу	kattaluu
instapkaart (de)	отуруу үчүн талон	oturuu ytʃyn talon
gate (de)	чыгуу	tʃıguu
transit (de)	транзит	tranzit
wachten (ww)	күтүү	kytyy
wachtzaal (de)	күтүү залы	kutyy zalı
begeleiden (uitwuiven)	узатуу	uzatuu
afscheid nemen (ww)	коштошуу	koʃtoʃuu

145. Fiets. Motorfiets

fiets (de)	велосипед	velosiped
bromfiets (de)	мотороллер	motoroller
motorfiets (de)	мотоцикл	mototsikl
met de fiets rijden	велосипедде жүрүү	velosipedde dʒyryy
stuur (het)	руль	rulʲ
pedaal (de/het)	педаль	pedalʲ
remmen (mv.)	тормоз	tormoz
fietszadel (de/het)	отургуч	oturgutʃ
pomp (de)	соркыскыч	sorkıskıtʃ
bagagedrager (de)	багажник	bagadʒnik
fietslicht (het)	фонарь	fonarʲ
helm (de)	шлем	ʃlem
wiel (het)	дөңгөлөк	døŋgøløk
spatbord (het)	калкан	kalkan
velg (de)	дөңгөлөктүн алкагы	døŋgøløktyn alkagı
spaak (de)	чабак	tʃabak

Auto's

146. Soorten auto's

auto (de)	автоунаа	avtounaa
sportauto (de)	спорттук автоунаа	sporttuk avtounaa
limousine (de)	лимузин	limuzin
terreinwagen (de)	жолтандабас	dʒoltandabas
cabriolet (de)	кабриолет	kabriolet
minibus (de)	микроавтобус	mikroavtobus
ambulance (de)	тез жардам	tez dʒardam
sneeuwruimer (de)	кар күрөөчү машина	kar kyrøøtʃy maʃina
vrachtwagen (de)	жүк ташуучу машина	dʒyk taʃuutʃu maʃina
tankwagen (de)	бензовоз	benzovoz
bestelwagen (de)	фургон	furgon
trekker (de)	тягач	tⁱagatʃ
aanhangwagen (de)	чиркегич	tʃirkegitʃ
comfortabel (bn)	жайлуу	dʒajluu
tweedehands (bn)	колдонулган	koldonulgan

147. Auto's. Carrosserie

motorkap (de)	капот	kapot
spatbord (het)	калкан	kalkan
dak (het)	үстү	ysty
voorruit (de)	шамалдан тоскон айнек	ʃamaldan toskon ajnek
achterruit (de)	арткы күзгү	artkı kyzgy
ruitensproeier (de)	айнек жуугуч	ajnek dʒuugutʃ
wisserbladen (mv.)	щётка	ʃtʃotka
zijruit (de)	каптал айнек	kaptal ajnek
raamlift (de)	айнек көтөргүч	ajnek køtørgytʃ
antenne (de)	антенна	antenna
zonnedak (het)	люк	lʉk
bumper (de)	бампер	bamper
koffer (de)	жүк салгыч	dʒyk salgıtʃ
imperiaal (de/het)	жүк салгыч	dʒyk salgıtʃ
portier (het)	эшик	eʃik
handvat (het)	кармагыч	karmagıtʃ
slot (het)	кулпу	kulpu
nummerplaat (de)	номер	nomer
knalpot (de)	глушитель	gluʃitelⁱ

| benzinetank (de) | бензобак | benzobak |
| uitlaatpijp (de) | калдыктар түтүгү | kaldıktar tytygy |

gas (het)	газ	gaz
pedaal (de/het)	педаль	pedalʲ
gaspedaal (de/het)	газ педали	gaz pedali

rem (de)	тормоз	tormoz
rempedaal (de/het)	тормоздун педалы	tormozdun pedalı
remmen (ww)	тормоз басуу	tormoz basuu
handrem (de)	токтомо тормозу	toktomo tormozu

koppeling (de)	илиштирүү	iliʃtiryy
koppelingspedaal (de/het)	илиштирүү педали	iliʃtiryy pedali
koppelingsschijf (de)	илиштирүү диски	iliʃtiryy diski
schokdemper (de)	амортизатор	amortizator

wiel (het)	дөңгөлөк	døŋgøløk
reservewiel (het)	запас дөңгөлөгү	zapas døŋgøløgy
band (de)	покрышка	pokrıʃka
wieldop (de)	жапкыч	dʒapkıtʃ

aandrijfwielen (mv.)	салма дөңгөлөктөр	salma døŋgøløktør
met voorwielaandrijving	алдыңкы дөңгөлөк салмалуу	aldıŋkı døŋgøløk salmaluu
met achterwielaandrijving	арткы дөңгөлөк салмалуу	artkı døŋgøløk salmaluu
met vierwielaandrijving	бардык дөңгөлөк салмалуу	bardık døŋgøløk salmaluu

versnellingsbak (de)	бергилик куту	bergilik kutu
automatisch (bn)	автоматтык	avtomattık
mechanisch (bn)	механикалуу	meχanikaluu
versnellingspook (de)	бергилик кутунун жылышуусу	bergilik kutunun dʒılıʃuusu

| voorlicht (het) | фара | fara |
| voorlichten (mv.) | фаралар | faralar |

dimlicht (het)	жакынкы чырак	dʒakınkı tʃırak
grootlicht (het)	алыскы чырак	alıskı tʃırak
stoplicht (het)	стоп-сигнал	stop-signal

standlichten (mv.)	габарит чырактары	gabarit tʃıraktarı
noodverlichting (de)	авария чырактары	avarija tʃıraktarı
mistlichten (mv.)	туманга каршы чырактар	tumanga karʃı tʃıraktar
pinker (de)	бурулуш чырагы	buruluʃ tʃıragı
achteruitrijdlicht (het)	арткы чырак	artkı tʃırak

148. Auto's. Passagiersruimte

interieur (het)	салон	salon
leren (van leer gemaak)	тери	teri
fluwelen (abn)	велюр	velʉr
bekleding (de)	каптоо	kaptoo

toestel (het)	алет	alet
instrumentenbord (het)	алет панели	alet paneli
snelheidsmeter (de)	спидометр	spidometr
pijltje (het)	жебе	dʒebe

kilometerteller (de)	эсептегич	eseptegitʃ
sensor (de)	көрсөткүч	kørsøtkytʃ
niveau (het)	деңгээл	deŋgeel
controlelampje (het)	көрсөткүч	kørsøtkytʃ

stuur (het)	руль	rulʲ
toeter (de)	сигнал	signal
knopje (het)	баскыч	baskıtʃ
schakelaar (de)	которгуч	kotorgutʃ

stoel (bestuurders~)	орун	orun
rugleuning (de)	жөлөнгүч	dʒøløngytʃ
hoofdsteun (de)	баш жөлөгүч	baʃ dʒøløgytʃ
veiligheidsgordel (de)	орундук куру	orunduk kuru
de gordel aandoen	курду тагынуу	kurdu tagınuu
regeling (de)	жөндөө	dʒøndøø

| airbag (de) | аба жаздыкчасы | aba dʒazdıktʃası |
| airconditioner (de) | аба желдеткич | aba dʒeldetkitʃ |

radio (de)	үналгы	ynalgı
CD-speler (de)	CD-ойноткуч	sidi-ojnotkutʃ
aanzetten (bijv. radio ~)	жүргүзүү	dʒyrgyzyy
antenne (de)	антенна	antenna
handschoenenkastje (het)	колкап бөлүмү	kolkap bølymy
asbak (de)	күл салгыч	kyl salgıtʃ

149. Auto's. Motor

| diesel- (abn) | дизель менен | dizelʲ menen |
| benzine- (~motor) | бензин менен | benzin menen |

| motorinhoud (de) | кыймылдаткычтын көлөмү | kıjmıldatkıtʃtın kølømy |

vermogen (het)	кубатуулугу	kubatuulugu
paardenkracht (de)	ат күчү	at kytʃy
zuiger (de)	бишкек	biʃkek
cilinder (de)	цилиндр	tsilindr
klep (de)	сарпкапкак	sarpkapkak

injectie (de)	бүрккүч	byrkkytʃ
generator (de)	генератор	generator
carburator (de)	карбюратор	karbµrator
motorolie (de)	мотор майы	motor majı

radiator (de)	радиатор	radiator
koelvloeistof (de)	суутуучу суюктук	suutuutʃu sujµktuk
ventilator (de)	желдеткич	dʒeldetkitʃ
accu (de)	аккумулятор	akkumulʲator

starter (de)	стартер	starter
contact (ontsteking)	от алдыруу	ot aldıruu
bougie (de)	от алдыруу шамы	ot aldıruu ʃamı
pool (de)	клемма	klemma
positieve pool (de)	плюс	plʉs
negatieve pool (de)	минус	minus
zekering (de)	эриме сактагыч	erime saktagıtʃ
luchtfilter (de)	аба чыпкасы	aba tʃıpkası
oliefilter (de)	май чыпкасы	maj tʃıpkası
benzinefilter (de)	күйүүчү май чыпкасы	kyjyytʃy may tʃıpkası

150. Auto's. Botsing. Reparatie

auto-ongeval (het)	авто урунушу	avto urunuʃu
verkeersongeluk (het)	жол кырсыгы	dʒol kırsıgı
aanrijden (tegen een boom, enz.)	урунуу	urunuu
verongelukken (ww)	талкалануу	talkalanuu
beschadiging (de)	бузулуу	buzuluu
heelhuids (bn)	бүтүн	bytyn
pech (de)	бузулуу	buzuluu
kapot gaan (zijn gebroken)	бузулуп калуу	buzulup kaluu
sleeptouw (het)	сүйрөө арканы	syjrøø arkanı
lek (het)	тешилип калуу	teʃilip kaluu
lekke krijgen (band)	желин чыгаруу	dʒelin tʃıgaruu
oppompen (ww)	үйлөтүү	yjløtyy
druk (de)	басым	basım
checken (ww)	текшерүү	tekʃeryy
reparatie (de)	оңдоо	oŋdoo
garage (de)	автосервис	avtoservis
wisselstuk (het)	белен тетик	belen tetik
onderdeel (het)	тетик	tetik
bout (de)	буроо	buroo
schroef (de)	буралма	buralma
moer (de)	бурама	burama
sluitring (de)	эбелек	ebelek
kogellager (de/het)	мунакжаздам	munakdʒazdam
pijp (de)	түтүк	tytyk
pakking (de)	төшөм	tøʃøm
kabel (de)	зым	zım
dommekracht (de)	домкрат	domkrat
moersleutel (de)	гайка ачкычы	gajka atʃkıtʃı
hamer (de)	балка	balka
pomp (de)	соркыскыч	sorkıskıtʃ
schroevendraaier (de)	бурагыч	buragıtʃ
brandblusser (de)	өрт өчүргүч	ørt øtʃyrgytʃ

gevarendriehoek (de)	эскертүү үчбурчтук	eskertyy yʧburʧtuk
afslaan	өчүп калуу	øʧyp kaluu
(ophouden te werken)		
uitvallen (het)	иштебей калуу	iʃtebej kaluu
zijn gebroken	бузулуп калуу	buzulup kaluu
oververhitten (ww)	кайнап кетүү	kajnap ketyy
verstopt raken (ww)	тыгылуу	tɪgɪluu
bevriezen (autodeur, enz.)	тоңуп калуу	toŋup kaluu
barsten (leidingen, enz.)	жарылып кетүү	dʒarɪlɪp ketyy
druk (de)	басым	basɪm
niveau (bijv. olieniveau)	деңгээл	deŋgeel
slap (de drijfriem is ~)	бош	boʃ
deuk (de)	кабырылуу	kabɪrɪluu
geklop (vreemde geluiden)	такылдоо	takɪldoo
barst (de)	жарака	dʒaraka
kras (de)	чийилип калуу	ʧijilip kaluu

151. Auto's. Weg

weg (de)	жол	dʒol
snelweg (de)	кан жол	kan dʒol
autoweg (de)	шоссе	ʃosse
richting (de)	багыт	bagɪt
afstand (de)	аралык	aralɪk
brug (de)	көпүрө	køpyrø
parking (de)	унаа токтоочу жай	unaa toktooʧu dʒaj
plein (het)	аянт	ajant
verkeersknooppunt (het)	баштан өйдө өткөн жол	baʃtan øjdø øtkøn dʒol
tunnel (de)	тоннель	tonnelʲ
benzinestation (het)	май куюучу станция	maj kujuuʧu stantsija
parking (de)	унаа токтоочу жай	unaa toktooʧu dʒaj
benzinepomp (de)	колонка	kolonka
garage (de)	автосервис	avtoservis
tanken (ww)	май куюу	maj kujuu
brandstof (de)	күйүүчү май	kyjyyʧy may
jerrycan (de)	канистра	kanistra
asfalt (het)	асфальт	asfalʲt
markering (de)	салынган тамга	salɪngan tamga
trottoirband (de)	бордюр	bordʉr
geleiderail (de)	тосмо	tosmo
greppel (de)	арык	arɪk
vluchtstrook (de)	жол чети	dʒol ʧeti
lichtmast (de)	чырак мамы	ʧɪrak mamɪ
besturen (een auto ~)	айдоо	ajdoo
afslaan (naar rechts ~)	бурулуу	buruluu
U-bocht maken (ww)	артка кайтуу	artka kajtuu
achteruit (de)	артка айдоо	artka ajdoo

toeteren (ww)	сигнал берүү	signal beryy
toeter (de)	дабыш сигналы	dabıʃ signalı
vastzitten (in modder)	тыгылып калуу	tıgılıp kaluu
spinnen (wielen gaan ~)	сүйрөө	syjrøø
uitzetten (ww)	басаңдатуу	basaŋdatuu
snelheid (de)	ылдамдык	ıldamdık
een snelheidsovertreding maken	ылдамдыктан ашуу	ıldamdıktan aʃuu
bekeuren (ww)	айып салуу	ajıp saluu
verkeerslicht (het)	светофор	svetofor
rijbewijs (het)	айдоочу күбөлүгү	ajdootʃu kybølygy
overgang (de)	кесип өтмө	kesip øtmø
kruispunt (het)	кесилиш	kesiliʃ
zebrapad (oversteekplaats)	жөө жүрүүчүлөр жолу	dʒøø dʒyryytʃylør dʒolu
bocht (de)	бурулуш	buruluʃ
voetgangerszone (de)	жөө жүрүүчүлөр алкагы	dʒøø dʒyryytʃylør alkagı

MENSEN. GEBEURTENISSEN IN HET LEVEN

Gebeurtenissen in het leven

152. Vakanties. Evenement

feest (het)	майрам	majram
nationale feestdag (de)	улуттук	uluttuk
feestdag (de)	майрам күнү	majram kyny
herdenken (ww)	майрамдоо	majramdoo
gebeurtenis (de)	окуя	okuja
evenement (het)	иш-чара	iʃ-tʃara
banket (het)	банкет	banket
receptie (de)	кабыл алуу	kabıl aluu
feestmaal (het)	той	toj
verjaardag (de)	жылдык	dʒıldık
jubileum (het)	юбилей	jʉbilej
vieren (ww)	белгилөө	belgilөө
Nieuwjaar (het)	Жаны жыл	dʒanı dʒıl
Gelukkig Nieuwjaar!	Жаны Жылыңар менен!	dʒanı dʒılıŋar menen!
Sinterklaas (de)	Аяз ата, Санта Клаус	ajaz ata, santa klaus
Kerstfeest (het)	Рождество	rodʒdestvo
Vrolijk kerstfeest!	Рождество майрамыңыз менен!	rodʒdestvo majramıŋız menen!
kerstboom (de)	Жаңы жылдык балаты	dʒaŋı dʒıldık balatı
vuurwerk (het)	салют	salʉt
bruiloft (de)	үйлөнүү той	yjlөnyy toy
bruidegom (de)	күйөө	kyjөө
bruid (de)	колукту	koluktu
uitnodigen (ww)	чакыруу	tʃakıruu
uitnodigingskaart (de)	чакыруу	tʃakıruu
gast (de)	конок	konok
op bezoek gaan	конокко баруу	konokko baruu
gasten verwelkomen	конок тосуу	konok tosuu
geschenk, cadeau (het)	белек	belek
geven (iets cadeau ~)	белек берүү	belek beryy
geschenken ontvangen	белек алуу	belek aluu
boeket (het)	десте	deste
felicitaties (mv.)	куттуктоо	kuttuktoo
feliciteren (ww)	куттуктоо	kuttuktoo

wenskaart (de)	куттуктоо ачык каты	kuttuktoo atʃik katı
een kaartje versturen	ачык катты жөнөтүү	atʃik kattı dʒønøtyy
een kaartje ontvangen	ачык катты алуу	atʃik kattı aluu

toast (de)	каалоо тилек	kaaloo tilek
aanbieden (een drankje ~)	ооз тийгизүү	ooz tijgizyy
champagne (de)	шампан	ʃampan

plezier hebben (ww)	көңүл ачуу	kønyl atʃuu
plezier (het)	көңүлдүүлүк	kønyldyylyk
vreugde (de)	кубаныч	kubanıtʃ

| dans (de) | бий | bij |
| dansen (ww) | бийлөө | bijløø |

| wals (de) | вальс | valʲs |
| tango (de) | танго | tango |

153. Begrafenissen. Begrafenis

kerkhof (het)	мүрзө	myrzø
graf (het)	мүрзө	myrzø
kruis (het)	крест	krest
grafsteen (de)	мүрзө үстүндөгү жазуу	myrzø ystyndøgy dʒazuu
omheining (de)	тосмо	tosmo
kapel (de)	кичинекей чиркөө	kitʃinekej tʃirkøø

dood (de)	өлүм	ølym
sterven (ww)	өлүү	ølyy
overledene (de)	маркум	markum
rouw (de)	аза	aza

begraven (ww)	көмүү	kømyy
begrafenisonderneming (de)	ырасым бюросу	ırasım bʉrosu
begrafenis (de)	сөөк узатуу жана көмүү	søøk uzatuu dʒana kømyy
krans (de)	гүлчамбар	gyltʃambar
doodskist (de)	табыт	tabıt
lijkwagen (de)	катафалк	katafalk
lijkkleed (de)	кепин	kepin

begrafenisstoet (de)	узатуу жүрүшү	uzatuu dʒyryʃy
urn (de)	сөөк күлдүн кутусу	søøk kyldyn kutusu
crematorium (het)	крематорий	krematorij

overlijdensbericht (het)	некролог	nekrolog
huilen (wenen)	ыйлоо	ıjloo
snikken (huilen)	боздоп ыйлоо	bozdop ıjloo

154. Oorlog. Soldaten

| peloton (het) | взвод | vzvod |
| compagnie (de) | рота | rota |

regiment (het)	полк	polk
leger (armee)	армия	armija
divisie (de)	дивизия	divizija
sectie (de)	отряд	otrʲad
troep (de)	куралдуу аскер	kuralduu asker
soldaat (militair)	аскер	asker
officier (de)	офицер	ofitser
soldaat (rang)	катардагы жоокер	katardagı dʒooker
sergeant (de)	сержант	serdʒant
luitenant (de)	лейтенант	lejtenant
kapitein (de)	капитан	kapitan
majoor (de)	майор	major
kolonel (de)	полковник	polkovnik
generaal (de)	генерал	general
matroos (de)	деңизчи	deŋiztʃi
kapitein (de)	капитан	kapitan
bootsman (de)	боцман	botsman
artillerist (de)	артиллерист	artillerist
valschermjager (de)	десантник	desantnik
piloot (de)	учкуч	utʃkutʃ
stuurman (de)	штурман	ʃturman
mecanicien (de)	механик	meɣanik
sappeur (de)	сапёр	sapʲor
parachutist (de)	парашютист	paraʃutist
verkenner (de)	чалгынчы	tʃalgıntʃı
scherpschutter (de)	көзатар	køzatar
patrouille (de)	жол-күзөт	dʒol-kyzøt
patrouilleren (ww)	жол-күзөткө чыгуу	dʒol-kyzøtkø tʃıguu
wacht (de)	сакчы	saktʃı
krijger (de)	жоокер	dʒooker
patriot (de)	мекенчил	mekentʃil
held (de)	баатыр	baatır
heldin (de)	баатыр айым	baatır ajım
verrader (de)	чыккынчы	tʃıkkıntʃı
verraden (ww)	кыянаттык кылуу	kıjanattık kıluu
deserteur (de)	качкын	katʃkın
deserteren (ww)	качуу	katʃuu
huurling (de)	жалданма	dʒaldanma
rekruut (de)	жаңы алынган аскер	dʒaŋı alıngan asker
vrijwilliger (de)	ыктыярчы	ıktıjartʃı
gedode (de)	өлтүрүлгөн	øltyrylgøn
gewonde (de)	жарадар	dʒaradar
krijgsgevangene (de)	туткун	tutkun

155. Oorlog. Militaire acties. Deel 1

oorlog (de)	согуш	soguʃ
oorlog voeren (ww)	согушуу	soguʃuu
burgeroorlog (de)	жарандык согуш	dʒarandık soguʃ
achterbaks (bw)	жүзү каралык менен кол салуу	dʒyzy karalık menen kol saluu
oorlogsverklaring (de)	согушту жарыялоо	soguʃtu dʒarıjaloo
verklaren (de oorlog ~)	согуш жарыялоо	soguʃ dʒarıjaloo
agressie (de)	агрессия	agressija
aanvallen (binnenvallen)	кол салуу	kol saluu
binnenvallen (ww)	басып алуу	basıp aluu
invaller (de)	баскынчы	baskıntʃı
veroveraar (de)	басып алуучу	basıp aluutʃu
verdediging (de)	коргонуу	korgonuu
verdedigen (je land ~)	коргоо	korgoo
zich verdedigen (ww)	коргонуу	korgonuu
vijand (de)	душман	duʃman
tegenstander (de)	каршылаш	karʃılaʃ
vijandelijk (bn)	душмандын	duʃmandın
strategie (de)	стратегия	strategija
tactiek (de)	тактика	taktika
order (de)	буйрук	bujruk
bevel (het)	команда	komanda
bevelen (ww)	буйрук берүү	bujruk beryy
opdracht (de)	тапшырма	tapʃırma
geheim (bn)	жашыруун	dʒaʃıruun
slag (de)	салгылаш	salgılaʃ
veldslag (de)	согуш	soguʃ
strijd (de)	салгылаш	salgılaʃ
aanval (de)	чабуул	tʃabuul
bestorming (de)	чабуул	tʃabuul
bestormen (ww)	чабуул жасоо	tʃabuul dʒasoo
bezetting (de)	тегеректеп курчоо	tegerektep kurtʃoo
aanval (de)	чабуул	tʃabuul
in het offensief te gaan	чабуул салуу	tʃabuul saluu
terugtrekking (de)	чегинүү	tʃeginyy
zich terugtrekken (ww)	чегинүү	tʃeginyy
omsingeling (de)	курчоо	kurtʃoo
omsingelen (ww)	курчоого алуу	kurtʃoogo aluu
bombardement (het)	бомба жаадыруу	bomba dʒaadıruu
een bom gooien	бомба таштоо	bomba taʃtoo
bombarderen (ww)	бомба жаадыруу	bomba dʒaadıruu

ontploffing (de)	жарылуу	dʒarıluu
schot (het)	атылуу	atıluu
een schot lossen	атуу	atuu
schieten (het)	атуу	atuu

mikken op (ww)	мээлөө	meeløø
aanleggen (een wapen ~)	мээлөө	meeløø
treffen (doelwit ~)	тийүү	tijyy

zinken (tot zinken brengen)	чөктүрүү	tʃøktyryy
kogelgat (het)	тешик	teʃik
zinken (gezonken zijn)	суу астына кетүү	suu astına ketyy

front (het)	майдан	majdan
evacuatie (de)	эвакуация	evakuatsija
evacueren (ww)	эвакуациялоо	evakuatsijaloo

loopgraaf (de)	окоп	okop
prikkeldraad (de)	тикендүү зым	tikendyy zım
verdedigingsobstakel (het)	тосмо	tosmo
wachttoren (de)	мунара	munara

hospitaal (het)	госпиталь	gospitalʲ
verwonden (ww)	жарадар кылуу	dʒaradar kıluu
wond (de)	жара	dʒara
gewonde (de)	жарадар	dʒaradar
gewond raken (ww)	жаракат алуу	dʒarakat aluu
ernstig (~e wond)	оор жаракат	oor dʒarakat

156. Wapens

wapens (mv.)	курал	kural
vuurwapens (mv.)	курал жарак	kural dʒarak
koude wapens (mv.)	атылбас курал	atılbas kural

chemische wapens (mv.)	химиялык курал	χimijalık kural
kern-, nucleair (bn)	ядерлүү	jaderlyy
kernwapens (mv.)	ядерлүү курал	jaderlyy kural

| bom (de) | бомба | bomba |
| atoombom (de) | атом бомбасы | atom bombası |

pistool (het)	тапанча	tapantʃa
geweer (het)	мылтык	mıltık
machinepistool (het)	автомат	avtomat
machinegeweer (het)	пулемёт	pulemʲot

loop (schietbuis)	мылтыктын оозу	mıltıktın oozu
loop (bijv. geweer met kortere ~)	ствол	stvol
kaliber (het)	калибр	kalibr

| trekker (de) | курок | kurok |
| korrel (de) | кароолго алуу | karoolgo aluu |

| magazijn (het) | магазин | magazin |
| geweerkolf (de) | күндак | kyndak |

| granaat (handgranaat) | граната | granata |
| explosieven (mv.) | жарылуучу зат | dʒarıluutʃu zat |

kogel (de)	ок	ok
patroon (de)	патрон	patron
lading (de)	дүрмөк	dyrmøk
ammunitie (de)	ок-дары	ok-darı

bommenwerper (de)	бомбалоочу	bombalootʃu
straaljager (de)	кыйраткыч учак	kıjratkıtʃ utʃak
helikopter (de)	вертолёт	vertolʲot

afweergeschut (het)	зенитка	zenitka
tank (de)	танк	tank
kanon (tank met een ~ van 76 mm)	замбирек	zambirek

artillerie (de)	артиллерия	artillerija
kanon (het)	замбирек	zambirek
aanleggen (een wapen ~)	мээлөө	meeløø

projectiel (het)	снаряд	snarʲad
mortiergranaat (de)	мина	mina
mortier (de)	миномёт	minomʲot
granaatscherf (de)	сыныктар	sınıktar

duikboot (de)	суу астында жүрүүчү кеме	suu astında dʒyryytʃy keme
torpedo (de)	торпеда	torpeda
raket (de)	ракета	raketa

laden (geweer, kanon)	октоо	oktoo
schieten (ww)	атуу	atuu
richten op (mikken)	мээлөө	meeløø
bajonet (de)	найза	najza

degen (de)	шпага	ʃpaga
sabel (de)	кылыч	kılıtʃ
speer (de)	найза	najza
boog (de)	жаа	dʒaa
pijl (de)	жебе	dʒebe
musket (de)	мушкет	muʃket
kruisboog (de)	арбалет	arbalet

157. Oude mensen

primitief (bn)	алгачкы	algatʃkı
voorhistorisch (bn)	тарыхтан илгери	tarıxtan ilgeri
eeuwenoude (~ beschaving)	байыркы	bajırkı
Steentijd (de)	Таш доору	taʃ dooru
Bronstijd (de)	Коло доору	kolo dooru

IJstijd (de)	Муз доору	muz dooru
stam (de)	уруу	uruu
menseneter (de)	адам жегич	adam dʒegitʃ
jager (de)	аңчы	aŋtʃı
jagen (ww)	аңчылык кылуу	aŋtʃılık kıluu
mammoet (de)	мамонт	mamont

grot (de)	үңкүр	yŋkyr
vuur (het)	от	ot
kampvuur (het)	от	ot
rotstekening (de)	ташка чегерилген сүрөт	taʃka tʃegerilgen syrøt

werkinstrument (het)	эмгек куралы	emgek kuralı
speer (de)	найза	najza
stenen bijl (de)	таш балта	taʃ balta
oorlog voeren (ww)	согушуу	soguʃuu
temmen (bijv. wolf ~)	колго көндүрүү	kolgo køndyryy

idool (het)	бут	but
aanbidden (ww)	сыйынуу	sıjınuu
bijgeloof (het)	жок нерсеге ишенүү	dʒok nersege iʃenyy
ritueel (het)	ырым-жырым	ırım-dʒırım

evolutie (de)	эволюция	evolʉtsija
ontwikkeling (de)	өнүгүү	ønygyy
verdwijning (de)	жок болуу	dʒok boluu
zich aanpassen (ww)	ылайыкташуу	ılajıktaʃuu

archeologie (de)	археология	arχeologija
archeoloog (de)	археолог	arχeolog
archeologisch (bn)	археологиялык	arχeologijalık

opgravingsplaats (de)	казуу жери	kazuu dʒeri
opgravingen (mv.)	казуу иштери	kazuu iʃteri
vondst (de)	табылга	tabılga
fragment (het)	фрагмент	fragment

158. Middeleeuwen

volk (het)	эл	el
volkeren (mv.)	элдер	elder
stam (de)	уруу	uruu
stammen (mv.)	уруулар	uruular

barbaren (mv.)	варварлар	varvarlar
Galliërs (mv.)	галлдар	galldar
Goten (mv.)	готтор	gottor
Slaven (mv.)	славяндар	slavʲandar
Vikings (mv.)	викингдер	vikingder

Romeinen (mv.)	римдиктер	rimdikter
Romeins (bn)	римдик	rimdik
Byzantijnen (mv.)	византиялыктар	vizantijalıktar
Byzantium (het)	Византия	vizantija

Byzantijns (bn)	византиялык	vizantijalık
keizer (bijv. Romeinse ~)	император	imperator
opperhoofd (het)	башчы	baʃtʃı
machtig (bn)	кудуреттүү	kudurettyy
koning (de)	король, падыша	korolʲ, padıʃa
heerser (de)	башкаруучу	baʃkaruutʃu

ridder (de)	рыцарь	rıtsarʲ
feodaal (de)	феодал	feodal
feodaal (bn)	феодалдуу	feodalduu
vazal (de)	вассал	vassal

hertog (de)	герцог	gertsog
graaf (de)	граф	graf
baron (de)	барон	baron
bisschop (de)	епископ	episkop

harnas (het)	курал жана соот-шайман	kural dʒana soot-ʃajman
schild (het)	калкан	kalkan
zwaard (het)	кылыч	kılıtʃ
vizier (het)	туулганын бет калканы	tuulganın bet kalkanı
maliënkolder (de)	зоот	zoot
kruistocht (de)	крест астындагы черүү	krest astındagı tʃeryy
kruisvaarder (de)	черүүгө чыгуучу	tʃeryygø tʃıguutʃu

gebied (bijv. bezette ~en)	аймак	ajmak
aanvallen (binnenvallen)	кол салуу	kol saluu
veroveren (ww)	ээ болуу	ee boluu
innemen (binnenvallen)	басып алуу	basıp aluu

bezetting (de)	тегеректеп курчоо	tegerektep kurtʃoo
belegerd (bn)	курчалган	kurtʃalgan
belegeren (ww)	курчоого алуу	kurtʃoogo aluu

inquisitie (de)	инквизиция	inkvizitsija
inquisiteur (de)	инквизитор	inkvizitor
foltering (de)	кыйноо	kıjnoo
wreed (bn)	ырайымсыз	ırajımsız
ketter (de)	еретик	eretik
ketterij (de)	ересь	eresʲ

zeevaart (de)	деңизде сүзүү	deŋizde syzyy
piraat (de)	деңиз каракчысы	deŋiz karaktʃısı
piraterij (de)	деңиз каракчылыгы	deŋiz karaktʃılıgı
enteren (het)	абордаж	abordadʒ
buit (de)	олжо	oldʒo
schatten (mv.)	казына	kazına

ontdekking (de)	ачылыш	atʃılıʃ
ontdekken (bijv. nieuw land)	таап ачуу	taap atʃuu
expeditie (de)	экспедиция	ekspeditsija

musketier (de)	мушкетёр	muʃketʲor
kardinaal (de)	кардинал	kardinal
heraldiek (de)	геральдика	geralʲdika
heraldisch (bn)	гералдык	geraldık

159. Leider. Baas. Autoriteiten

koning (de)	король, падыша	korolʲ, padıʃa
koningin (de)	ханыша	χanıʃa
koninklijk (bn)	падышалык	padıʃalık
koninkrijk (het)	падышалык	padıʃalık
prins (de)	канзаада	kanzaada
prinses (de)	ханбийке	χanbijke
president (de)	президент	prezident
vicepresident (de)	вице-президент	vitse-prezident
senator (de)	сенатор	senator
monarch (de)	монарх	monarχ
heerser (de)	башкаруучу	baʃkaruutʃu
dictator (de)	диктатор	diktator
tiran (de)	зулум	zulum
magnaat (de)	магнат	magnat
directeur (de)	директор	direktor
chef (de)	башчы	baʃtʃı
beheerder (de)	башкаруучу	baʃkaruutʃu
baas (de)	шеф	ʃef
eigenaar (de)	кожоюн	kodʒodʒʉn
leider (de)	алдыңкы катардагы	aldıŋkı katardagı
hoofd	башчы	baʃtʃı
(bijv. ~ van de delegatie)		
autoriteiten (mv.)	бийликтер	bijlikter
superieuren (mv.)	башчылар	baʃtʃılar
gouverneur (de)	губернатор	gubernator
consul (de)	консул	konsul
diplomaat (de)	дипломат	diplomat
burgemeester (de)	мэр	mer
sheriff (de)	шериф	ʃerif
keizer (bijv. Romeinse ~)	император	imperator
tsaar (de)	падыша	padıʃa
farao (de)	фараон	faraon
kan (de)	хан	χan

160. De wet overtreden. Criminelen. Deel 1

bandiet (de)	ууру-кески	uuru-keski
misdaad (de)	кылмыш	kılmıʃ
misdadiger (de)	кылмышкер	kılmıʃker
dief (de)	ууру	uuru
stelen (ww)	уурдоо	uurdoo
stelen (de)	уруулук	uruuluk
diefstal (de)	уурдоо	uurdoo

kidnappen (ww)	ала качуу	ala katʃuu
kidnapping (de)	ала качуу	ala katʃuu
kidnapper (de)	ала качуучу	ala katʃuutʃu
losgeld (het)	кутказуу акчасы	kutkazuu aktʃası
eisen losgeld (ww)	кутказуу акчага	kutkazuu aktʃaga
	талап коюу	talap kojʉu
overvallen (ww)	тоноо	tonoo
overval (de)	тоноо	tonoo
overvaller (de)	тоноочу	tonootʃu
afpersen (ww)	опузалоо	opuzaloo
afperser (de)	опузалоочу	opuzalootʃu
afpersing (de)	опуза	opuza
vermoorden (ww)	өлтүрүү	øltyryy
moord (de)	өлтүрүү	øltyryy
moordenaar (de)	киши өлтүргүч	kiʃi øltyrgytʃ
schot (het)	атылуу	atıluu
een schot lossen	атуу	atuu
neerschieten (ww)	атып салуу	atıp saluu
schieten (ww)	атуу	atuu
schieten (het)	атышуу	atıʃuu
ongeluk (gevecht, enz.)	окуя	okuja
gevecht (het)	уруш	uruʃ
Help!	Жардамга!	dʒardamga!
slachtoffer (het)	жапа чеккен	dʒapa tʃekken
beschadigen (ww)	зыян келтирүү	zıjan keltiryy
schade (de)	залал	zalal
lijk (het)	өлүк	ølyk
zwaar (~ misdrijf)	оор	oor
aanvallen (ww)	кол салуу	kol saluu
slaan (iemand ~)	уруу	uruu
in elkaar slaan (toetakelen)	ур-токмокко алуу	ur-tokmokko aluu
ontnemen (beroven)	тартып алуу	tartıp aluu
steken (met een mes)	союп өлтүрүү	sojʉp øltyryy
verminken (ww)	майып кылуу	majıp kıluu
verwonden (ww)	жарадар кылуу	dʒaradar kıluu
chantage (de)	шантаж кылуу	ʃantadʒ kıluu
chanteren (ww)	шантаждоо	ʃantadʒdoo
chanteur (de)	шантажист	ʃantadʒist
afpersing (de)	рэкет	reket
afperser (de)	рэкетир	reketir
gangster (de)	гангстер	gangster
maffia (de)	мафия	mafija
kruimeldief (de)	чөнтөк ууру	tʃøntøk uuru
inbreker (de)	бузуп алуучу ууру	buzup aluutʃu uuru
smokkelen (het)	контрабанда	kontrabanda

smokkelaar (de)	контрабандачы	kontrabandatʃı
namaak (de)	окшотуп жасоо	okʃotup dʒasoo
namaken (ww)	жасалмалоо	dʒasalmaloo
namaak-, vals (bn)	жасалма	dʒasalma

161. De wet overtreden. Criminelen. Deel 2

verkrachting (de)	зордуктоо	zorduktoo
verkrachten (ww)	зордуктоо	zorduktoo
verkrachter (de)	зордукчул	zorduktʃul
maniak (de)	маньяк	manjak
prostituee (de)	сойку	sojku
prostitutie (de)	сойкучулук	sojkutʃuluk
pooier (de)	жак бакты	dʒak baktı
drugsverslaafde (de)	баңги	baŋgi
drugshandelaar (de)	баңгизат сатуучу	baŋgizat satuutʃu
opblazen (ww)	жардыруу	dʒardıruu
explosie (de)	жарылуу	dʒarıluu
in brand steken (ww)	өрттөө	ørttøø
brandstichter (de)	өрттөөчү	ørttøøtʃy
terrorisme (het)	терроризм	terrorizm
terrorist (de)	террорист	terrorist
gijzelaar (de)	заложник	zalodʒnik
bedriegen (ww)	алдоо	aldoo
bedrog (het)	алдамчылык	aldamtʃılık
oplichter (de)	алдамчы	aldamtʃı
omkopen (ww)	сатып алуу	satıp aluu
omkoperij (de)	сатып алуу	satıp aluu
smeergeld (het)	пара	para
vergif (het)	уу	uu
vergiftigen (ww)	ууландыруу	uulandıruu
vergif innemen (ww)	уулануу	uulanuu
zelfmoord (de)	жанын кыюу	dʒanın kıdʒuu
zelfmoordenaar (de)	жанын кыйгыч	dʒanın kıjgıtʃ
bedreigen (bijv. met een pistool)	коркутуу	korkutuu
bedreiging (de)	коркунуч	korkunutʃ
een aanslag plegen	кол салуу	kol saluu
aanslag (de)	кол салуу	kol saluu
stelen (een auto)	айдап кетүү	ajdap ketyy
kapen (een vliegtuig)	ала качуу	ala katʃuu
wraak (de)	кек	kek
wreken (ww)	өч алуу	øtʃ aluu

martelen (gevangenen)	кыйноо	kıjnoo
foltering (de)	кыйноо	kıjnoo
folteren (ww)	азапка салуу	azapka saluu

piraat (de)	деңиз каракчысы	deŋiz karakʧısı
straatschender (de)	бейбаш	bejbaʃ
gewapend (bn)	куралданган	kuraldangan
geweld (het)	зордук	zorduk
onwettig (strafbaar)	мыйзамдан тыш	mıjzamdan tıʃ

| spionage (de) | тыңчылык | tıŋʧılık |
| spioneren (ww) | тыңчылык кылуу | tıŋʧılık kıluu |

162. Politie. Wet. Deel 1

| justitie (de) | адилеттүү сот | adilettyy sot |
| gerechtshof (het) | сот | sot |

rechter (de)	сот	sot
jury (de)	сот калыстары	sot kalıstarı
juryrechtspraak (de)	калыстар соту	sot
berechten (ww)	сотко тартуу	sotko tartuu

advocaat (de)	жактоочу	dʒaktooʧu
beklaagde (de)	сот жообуна тартылган киши	sot dʒoobuna tartılgan kiʃi
beklaagdenbank (de)	соттуулар отуруучу орун	sottuular oturuuʧu orun

| beschuldiging (de) | айыптоо | ajıptoo |
| beschuldigde (de) | айыпталуучу | ajıptaluuʧu |

| vonnis (het) | өкүм | økym |
| veroordelen (in een rechtszaak) | өкүм чыгаруу | økym ʧıgaruu |

schuldige (de)	күнөөкөр	kynøøkør
straffen (ww)	жазалоо	dʒazaloo
bestraffing (de)	жаза	dʒaza

boete (de)	айып	ajıp
levenslange opsluiting (de)	өмүр бою	ømyr boju
doodstraf (de)	өлүм жазасы	ølym dʒazası
elektrische stoel (de)	электр столу	elektr stolu
schavot (het)	дарга	darga

| executeren (ww) | өлүм жазасын аткаруу | ølym dʒazasın atkaruu |
| executie (de) | өлүм жазасын аткаруу | ølym dʒazasın atkaruu |

| gevangenis (de) | түрмө | tyrmø |
| cel (de) | камера | kamera |

konvooi (het)	конвой	konvoj
gevangenisbewaker (de)	түрмө сакчысы	tyrmø sakʧısı
gedetineerde (de)	камактагы адам	kamaktagı adam

handboeien (mv.)	кишен	kiʃen
handboeien omdoen	кишен кийгизүү	kiʃen kijgizyy
ontsnapping (de)	качуу	katʃuu
ontsnappen (ww)	качуу	katʃuu
verdwijnen (ww)	жоголуп кетүү	dʒogolup ketyy
vrijlaten (uit de gevangenis)	бошотуу	boʃotuu
amnestie (de)	амнистия	amnistija
politie (de)	полиция	politsija
politieagent (de)	полиция кызматкери	politsija kızmatkeri
politiebureau (het)	полиция бөлүмү	politsija bølymy
knuppel (de)	резина союлчасы	rezina sojɯltʃası
megafoon (de)	керней	kernej
patrouilleerwagen (de)	жол күзөт машинасы	dʒol kyzøt maʃinası
sirene (de)	сирена	sirena
de sirene aansteken	сирenaны басуу	sirenanı basuu
geloei (het) van de sirene	сиренанын боздошу	sirenanın bozdoʃu
plaats delict (de)	кылмыш болгон жер	kılmıʃ bolgon dʒer
getuige (de)	күбө	kybø
vrijheid (de)	эркиндик	erkindik
handlanger (de)	шерик	ʃerik
ontvluchten (ww)	из жашыруу	iz dʒaʃiruu
spoor (het)	из	iz

163. Politie. Wet. Deel 2

opsporing (de)	издөө	izdøø
opsporen (ww)	... издөө	... izdøø
verdenking (de)	шек	ʃek
verdacht (bn)	шектүү	ʃektyy
aanhouden (stoppen)	токтотуу	toktotuu
tegenhouden (ww)	кармоо	karmoo
strafzaak (de)	иш	iʃ
onderzoek (het)	териштирүү	teriʃtiryy
detective (de)	аңдуучу	aŋduutʃu
onderzoeksrechter (de)	тергөөчү	tergøøtʃy
versie (de)	жоромол	dʒoromol
motief (het)	себеп	sebep
verhoor (het)	сурак	surak
ondervragen (door de politie)	суракка алуу	surakka aluu
ondervragen (omstanders ~)	сураштыруу	suraʃtıruu
controle (de)	текшерүү	tekʃeryy
razzia (de)	тегеректөө	tegerektøø
huiszoeking (de)	тинтүү	tintyy
achtervolging (de)	куу	kuu
achtervolgen (ww)	изине түшүү	izine tyʃyy
opsporen (ww)	изине түшүү	izine tyʃyy
arrest (het)	камак	kamak

arresteren (ww)	камакка алуу	kamakka aluu
vangen, aanhouden	кармоо	karmoo
(een dief, enz.)		
aanhouding (de)	колго түшүрүү	kolgo tyſyryy

document (het)	документ	dokument
bewijs (het)	далил	dalil
bewijzen (ww)	далилдөө	dalildøø
voetspoor (het)	из	iz
vingerafdrukken (mv.)	манжанын изи	mandʒanın izi
bewijs (het)	далил	dalil

alibi (het)	алиби	alibi
onschuldig (bn)	бейкүнөө	bejkynøø
onrecht (het)	адилетсиздик	adiletsizdik
onrechtvaardig (bn)	адилетсиз	adiletsiz

crimineel (bn)	кылмыштуу	kılmıʃtuu
confisqueren	тартып алуу	tartıp aluu
(in beslag nemen)		
drug (de)	баңгизат	baŋgizat
wapen (het)	курал	kural
ontwapenen (ww)	куралсыздандыруу	kuralsızdandıruu
bevelen (ww)	буйрук берүү	bujruk beryy
verdwijnen (ww)	жоголуп кетүү	dʒogolup ketyy

wet (de)	мыйзам	mıjzam
wettelijk (bn)	мыйзамдуу	mıjzamduu
onwettelijk (bn)	мыйзамдан тыш	mıjzamdan tıʃ

verantwoordelijkheid (de)	жоопкерчилик	dʒoopkertʃilik
verantwoordelijk (bn)	жоопкерчиликтүү	dʒoopkertʃiliktyy

NATUUR

De Aarde. Deel 1

164. De kosmische ruimte

kosmos (de)	космос	kosmos
kosmisch (bn)	космос	kosmos
kosmische ruimte (de)	космос мейкиндиги	kosmos mejkindigi
wereld (de)	дүйнө	dyjnø
heelal (het)	аалам	aalam
sterrenstelsel (het)	галактика	galaktika
ster (de)	жылдыз	dʒıldız
sterrenbeeld (het)	жылдыздар	dʒıldızdar
planeet (de)	планета	planeta
satelliet (de)	жолдош	dʒoldoʃ
meteoriet (de)	метеорит	meteorit
komeet (de)	комета	kometa
asteroïde (de)	астероид	asteroid
baan (de)	орбита	orbita
draaien (om de zon, enz.)	айлануу	ajlanuu
atmosfeer (de)	атмосфера	atmosfera
Zon (de)	күн	kyn
zonnestelsel (het)	күн системасы	kyn sisteması
zonsverduistering (de)	күндүн тутулушу	kyndyn tutuluʃu
Aarde (de)	Жер	dʒer
Maan (de)	Ай	aj
Mars (de)	Марс	mars
Venus (de)	Венера	venera
Jupiter (de)	Юпитер	jupiter
Saturnus (de)	Сатурн	saturn
Mercurius (de)	Меркурий	merkurij
Uranus (de)	Уран	uran
Neptunus (de)	Нептун	neptun
Pluto (de)	Плутон	pluton
Melkweg (de)	Саманчынын жолу	samantʃının dʒolu
Grote Beer (de)	Чоң Жетиген	tʃoŋ dʒetigen
Poolster (de)	Полярдык Жылдыз	polʲardık dʒıldız
marsmannetje (het)	марсианин	marsianin
buitenaards wezen (het)	инопланетянин	inoplanetʲanin

| bovenaards (het) | келгин | kelgin |
| vliegende schotel (de) | учуучу табак | utʃuutʃu tabak |

ruimtevaartuig (het)	космос кемеси	kosmos kemesi
ruimtestation (het)	орбитадагы станция	orbitadagı stantsija
start (de)	старт	start

motor (de)	кыймылдаткыч	kıjmıldatkıtʃ
straalpijp (de)	сопло	soplo
brandstof (de)	күйүүчү май	kyjyytʃy may

cabine (de)	кабина	kabina
antenne (de)	антенна	antenna
patrijspoort (de)	иллюминатор	illɯminator
zonnebatterij (de)	күн батареясы	kyn batarejası
ruimtepak (het)	скафандр	skafandr

| gewichtloosheid (de) | салмаксыздык | salmaksızdık |
| zuurstof (de) | кислород | kislorod |

| koppeling (de) | жалгаштыруу | dʒalgaʃtıruu |
| koppeling maken | жалгаштыруу | dʒalgaʃtıruu |

observatorium (het)	обсерватория	observatorija
telescoop (de)	телескоп	teleskop
waarnemen (ww)	байкоо	bajkoo
exploreren (ww)	изилдөө	izildøø

165. De Aarde

Aarde (de)	Жер	dʒer
aardbol (de)	жер шары	dʒer ʃarı
planeet (de)	планета	planeta

atmosfeer (de)	атмосфера	atmosfera
aardrijkskunde (de)	география	geografija
natuur (de)	табийгат	tabijgat

wereldbol (de)	глобус	globus
kaart (de)	карта	karta
atlas (de)	атлас	atlas

| Europa (het) | Европа | evropa |
| Azië (het) | Азия | azija |

| Afrika (het) | Африка | afrika |
| Australië (het) | Австралия | avstralija |

Amerika (het)	Америка	amerika
Noord-Amerika (het)	Северная Америка	severnaja amerika
Zuid-Amerika (het)	Южная Америка	jɯdʒnaja amerika

| Antarctica (het) | Антарктида | antarktida |
| Arctis (de) | Арктика | arktika |

166. Windrichtingen

noorden (het)	түндүк	tyndyk
naar het noorden	түндүккө	tyndykkø
in het noorden	түндүктө	tyndyktø
noordelijk (bn)	түндүк	tyndyk
zuiden (het)	түштүк	tyʃtyk
naar het zuiden	түштүккө	tyʃtykkø
in het zuiden	түштүктө	tyʃtyktø
zuidelijk (bn)	түштүк	tyʃtyk
westen (het)	батыш	batıʃ
naar het westen	батышка	batıʃka
in het westen	батышта	batıʃta
westelijk (bn)	батыш	batıʃ
oosten (het)	чыгыш	ʧıgıʃ
naar het oosten	чыгышка	ʧıgıʃka
in het oosten	чыгышта	ʧıgıʃta
oostelijk (bn)	чыгыш	ʧıgıʃ

167. Zee. Oceaan

zee (de)	деңиз	deŋiz
oceaan (de)	мухит	muχit
golf (baai)	булуң	buluŋ
straat (de)	кысык	kısık
grond (vaste grond)	жер	dʒer
continent (het)	материк	materik
eiland (het)	арал	aral
schiereiland (het)	жарым арал	dʒarım aral
archipel (de)	архипелаг	arχipelag
baai, bocht (de)	булуң	buluŋ
haven (de)	гавань	gavanʲ
lagune (de)	лагуна	laguna
kaap (de)	тумшук	tumʃuk
atol (de)	атолл	atoll
rif (het)	риф	rif
koraal (het)	маржан	mardʒan
koraalrif (het)	маржан рифи	mardʒan rifi
diep (bn)	терең	tereŋ
diepte (de)	терeңдик	tereŋdik
diepzee (de)	түбү жок	tyby dʒok
trog (bijv. Marianentrog)	ойдуң	ojduŋ
stroming (de)	агым	agım
omspoelen (ww)	курчап туруу	kurtʃap turuu

oever (de)	жээк	dʒeek
kust (de)	жээк	dʒeek
vloed (de)	суунун көтөрүлүшү	suunun køtørylyʃy
eb (de)	суунун тартылуусу	suunun tartıluusu
ondiepte (ondiep water)	тайыздык	tajızdık
bodem (de)	суунун түбү	suunun tyby
golf (hoge ~)	толкун	tolkun
golfkam (de)	толкундун кыры	tolkundun kırı
schuim (het)	көбүк	købyk
storm (de)	бороон чапкын	boroon tʃapkın
orkaan (de)	бороон	boroon
tsunami (de)	цунами	tsunami
windstilte (de)	штиль	ʃtilʲ
kalm (bijv. ~e zee)	тынч	tıntʃ
pool (de)	уюл	ujʉl
polair (bn)	полярдык	polʲardık
breedtegraad (de)	кеӊдик	keŋdik
lengtegraad (de)	узундук	uzunduk
parallel (de)	параллель	parallelʲ
evenaar (de)	экватор	ekvator
hemel (de)	асман	asman
horizon (de)	горизонт	gorizont
lucht (de)	аба	aba
vuurtoren (de)	маяк	majak
duiken (ww)	сүӊгүү	syŋgyy
zinken (ov. een boot)	чөгүп кетүү	tʃøgyp ketyy
schatten (mv.)	казына	kazına

168. Bergen

berg (de)	тоо	too
bergketen (de)	тоо тизмеги	too tizmegi
gebergte (het)	тоо кыркалары	too kırkaları
bergtop (de)	чоку	tʃoku
bergpiek (de)	чоку	tʃoku
voet (ov. de berg)	тоо этеги	too etegi
helling (de)	эӊкейиш	eŋkejiʃ
vulkaan (de)	вулкан	vulkan
actieve vulkaan (de)	күйүп жаткан	kyjyp dʒatkan
uitgedoofde vulkaan (de)	өчүп калган вулкан	øtʃyp kalgan vulkan
uitbarsting (de)	атырылып чыгуу	atırılıp tʃıguu
krater (de)	кратер	krater
magma (het)	магма	magma
lava (de)	лава	lava

gloeiend (~e lava)	кызыган	kızıgan
kloof (canyon)	каньон	kanʲon
bergkloof (de)	капчыгай	kaptʃıgaj
spleet (de)	жарака	dʒaraka
afgrond (de)	жар	dʒar
bergpas (de)	ашуу	aʃuu
plateau (het)	дөңсөө	døŋsøø
klip (de)	зоока	zooka
heuvel (de)	дөбө	døbø
gletsjer (de)	муз	muz
waterval (de)	шаркыратма	ʃarkıratma
geiser (de)	гейзер	gejzer
meer (het)	көл	køl
vlakte (de)	түздүк	tyzdyk
landschap (het)	теребел	terebel
echo (de)	жаңырык	dʒaŋırık
alpinist (de)	альпинист	alʲpinist
bergbeklimmer (de)	скалолаз	skalolaz
trotseren (berg ~)	багындыруу	bagındıruu
beklimming (de)	тоонун чокусуна чыгуу	toonun tʃokusuna tʃıguu

169. Rivieren

rivier (de)	дарыя	darıja
bron (~ van een rivier)	булак	bulak
rivierbedding (de)	сай	saj
rivierbekken (het)	бассейн	bassejn
uitmonden in ...	... куюу	... kujʉu
zijrivier (de)	куйма	kujma
oever (de)	жээк	dʒeek
stroming (de)	агым	agım
stroomafwaarts (bw)	агым боюнча	agım bojʉntʃa
stroomopwaarts (bw)	агымга каршы	agımga karʃı
overstroming (de)	ташкын	taʃkın
overstroming (de)	суу ташкыны	suu taʃkını
buiten zijn oevers treden	дайранын ташышы	dajranın taʃıʃı
overstromen (ww)	суу каптоо	suu kaptoo
zandbank (de)	тайыздык	tajızdık
stroomversnelling (de)	босого	bosogo
dam (de)	тогоон	togoon
kanaal (het)	канал	kanal
spaarbekken (het)	суу сактагыч	suu saktagıtʃ
sluis (de)	шлюз	ʃlʉz
waterlichaam (het)	көлмө	kølmø
moeras (het)	саз	saz

| broek (het) | баткак | batkak |
| draaikolk (de) | айлампа | ajlampa |

stroom (de)	суу	suu
drink- (abn)	ичилчү суу	itʃiltʃy suu
zoet (~ water)	тузсуз	tuzsuz

| ijs (het) | муз | muz |
| bevriezen (rivier, enz.) | тоңуп калуу | toŋup kaluu |

170. Bos

| bos (het) | токой | tokoj |
| bos- (abn) | токойлуу | tokojluu |

oerwoud (dicht bos)	чытырман токой	tʃïtïrman tokoj
bosje (klein bos)	токойчо	tokojtʃo
open plek (de)	аянт	ajant

| struikgewas (het) | бадал | badal |
| struiken (mv.) | бадал | badal |

| paadje (het) | чыйыр жол | tʃïjïr dʒol |
| ravijn (het) | жар | dʒar |

boom (de)	дарак	darak
blad (het)	жалбырак	dʒalbïrak
gebladerte (het)	жалбырак	dʒalbïrak

vallende bladeren (mv.)	жалбырак түшүү мезгили	dʒalbïrak tyʃyy mezgili
vallen (ov. de bladeren)	түшүү	tyʃyy
boomtop (de)	чоку	tʃoku

tak (de)	бутак	butak
ent (de)	бутак	butak
knop (de)	бүчүр	bytʃyr
naald (de)	ийне	ijne
dennenappel (de)	тобурчак	toburtʃak

boom holte (de)	көңдөй	køŋdøj
nest (het)	уя	uja
hol (het)	ийин	ijin

stam (de)	сөңгөк	søŋgøk
wortel (bijv. boom~s)	тамыр	tamïr
schors (de)	кыртыш	kïrtïʃ
mos (het)	мох	moχ

ontwortelen (een boom)	дүмүрүн казуу	dymyryn kazuu
kappen (een boom ~)	кыюу	kïjʉu
ontbossen (ww)	токойду кыюу	tokojdu kïjʉu
stronk (de)	дүмүр	dymyr
kampvuur (het)	от	ot
bosbrand (de)	өрт	ørt

blussen (ww)	өчүрүү	øtʃyryy
boswachter (de)	токойчу	tokojtʃu
bescherming (de)	өсүмдүктөрдү коргоо	øsymdyktørdy korgoo
beschermen (bijv. de natuur ~)	сактоо	saktoo
stroper (de)	браконьер	brakonjer
val (de)	капкан	kapkan
plukken (paddestoelen ~)	терүү	teryy
plukken (bessen ~)	терүү	teryy
verdwalen (de weg kwijt zijn)	адашып кетүү	adaʃip ketyy

171. Natuurlijke hulpbronnen

natuurlijke rijkdommen (mv.)	жаратылыш байлыктары	dʒaratılıʃ bajlıktarı
delfstoffen (mv.)	пайдалуу кендер	pajdaluu kender
lagen (mv.)	кен	ken
veld (bijv. olie~)	кендүү жер	kendyy dʒer

winnen (uit erts ~)	казуу	kazuu
winning (de)	казуу	kazuu
erts (het)	кен	ken
mijn (bijv. kolenmijn)	шахта	ʃaχta
mijnschacht (de)	шахта	ʃaχta
mijnwerker (de)	кенчи	kentʃi

| gas (het) | газ | gaz |
| gasleiding (de) | газопровод | gazoprovod |

olie (aardolie)	мунайзат	munajzat
olieleiding (de)	мунайзар түтүгү	munajzar tytygy
oliebron (de)	мунайзат скважинасы	munajzat skvadʒinası
boortoren (de)	мунайзат мунарасы	munajzat munarası
tanker (de)	танкер	tanker

zand (het)	кум	kum
kalksteen (de)	акиташ	akitaʃ
grind (het)	шагыл	ʃagıl
veen (het)	торф	torf
klei (het)	ылай	ılaj
steenkool (de)	көмүр	kømyr

ijzer (het)	темир	temir
goud (het)	алтын	altın
zilver (het)	күмүш	kymyʃ
nikkel (het)	никель	nikelʲ
koper (het)	жез	dʒez

zink (het)	цинк	tsınk
mangaan (het)	марганец	marganets
kwik (het)	сымап	sımap
lood (het)	коргошун	korgoʃun
mineraal (het)	минерал	mineral
kristal (het)	кристалл	kristall

| marmer (het) | **мрамор** | mramor |
| uraan (het) | **уран** | uran |

De Aarde. Deel 2

172. Weer

weer (het)	аба-ырайы	aba-ırajı
weersvoorspelling (de)	аба-ырайы боюнча маалымат	aba-ırajı bojuntʃa maalımat
temperatuur (de)	температура	temperatura
thermometer (de)	термометр	termometr
barometer (de)	барометр	barometr
vochtig (bn)	нымдуу	nımduu
vochtigheid (de)	ным	nım
hitte (de)	ысык	ısık
heet (bn)	кыйын ысык	kıjın ısık
het is heet	ысык	ısık
het is warm	жылуу	dʒıluu
warm (bn)	жылуу	dʒıluu
het is koud	суук	suuk
koud (bn)	суук	suuk
zon (de)	күн	kyn
schijnen (de zon)	күн тийүү	kyn tijyy
zonnig (~e dag)	күн ачык	kyn atʃık
opgaan (ov. de zon)	чыгуу	tʃıguu
ondergaan (ww)	батуу	batuu
wolk (de)	булут	bulut
bewolkt (bn)	булуттуу	buluttuu
regenwolk (de)	булут	bulut
somber (bn)	күн бүркөк	kyn byrkøk
regen (de)	жамгыр	dʒamgır
het regent	жамгыр жаап жатат	dʒamgır dʒaap dʒatat
regenachtig (bn)	жаандуу	dʒaanduu
motregenen (ww)	дыбыратуу	dıbıratuu
plensbui (de)	нөшөрлөгөн жаан	nøʃørløgøn dʒaan
stortbui (de)	нөшөр	nøʃør
hard (bn)	катуу	katuu
plas (de)	көлчүк	køltʃyk
nat worden (ww)	суу болуу	suu boluu
mist (de)	туман	tuman
mistig (bn)	тумандуу	tumanduu
sneeuw (de)	кар	kar
het sneeuwt	кар жаап жатат	kar dʒaap dʒatat

173. Zwaar weer. Natuurrampen

noodweer (storm)	чагылгандуу жаан	tʃagılganduu dʒaan
bliksem (de)	чагылган	tʃagılgan
flitsen (ww)	жарк этүү	dʒark etyy

donder (de)	күн күркүрөө	kyn kyrkyrøø
donderen (ww)	күн күркүрөө	kyn kyrkyrøø
het dondert	күн күркүрөп жатат	kyn kyrkyrøp dʒatat

| hagel (de) | мөндүр | møndyr |
| het hagelt | мөндүр түшүп жатат | møndyr tyʃyp dʒatat |

| overstromen (ww) | суу каптоо | suu kaptoo |
| overstroming (de) | ташкын | taʃkın |

aardbeving (de)	жер титирөө	dʒer titirøø
aardschok (de)	жердин силкиниши	dʒerdin silkiniʃi
epicentrum (het)	эпицентр	epitsentr

| uitbarsting (de) | атырылып чыгуу | atırılıp tʃıguu |
| lava (de) | лава | lava |

wervelwind (de)	куюн	kujʉn
windhoos (de)	торнадо	tornado
tyfoon (de)	тайфун	tajfun

orkaan (de)	бороон	boroon
storm (de)	бороон чапкын	boroon tʃapkın
tsunami (de)	цунами	tsunami

cycloon (de)	циклон	tsıklon
onweer (het)	жаан-чачындуу күн	dʒaan-tʃatʃınduu kyn
brand (de)	өрт	ørt
ramp (de)	кыйроо	kıjroo
meteoriet (de)	метеорит	meteorit

lawine (de)	көчкү	køtʃky
sneeuwverschuiving (de)	кар көчкүсү	kar køtʃkysy
sneeuwjacht (de)	кар бороону	kar boroonu
sneeuwstorm (de)	бурганак	burganak

Fauna

174. Zoogdieren. Roofdieren

roofdier (het)	жырткыч	ʤɯrtkɯʧ
tijger (de)	жолборс	ʤolbors
leeuw (de)	арстан	arstan
wolf (de)	карышкыр	karɯʃkɯr
vos (de)	түлкү	tylky
jaguar (de)	ягуар	jaguar
luipaard (de)	леопард	leopard
jachtluipaard (de)	гепард	gepard
panter (de)	пантера	pantera
poema (de)	пума	puma
sneeuwluipaard (de)	илбирс	ilbirs
lynx (de)	сүлөөсүн	syløøsyn
coyote (de)	койот	kojot
jakhals (de)	чөө	ʧøø
hyena (de)	гиена	giena

175. Wilde dieren

dier (het)	жаныбар	ʤanɯbar
beest (het)	жапайы жаныбар	ʤapajɯ ʤanɯbar
eekhoorn (de)	тыйын чычкан	tɯjɯn ʧɯʧkan
egel (de)	кирпичечен	kirpiʧeʧen
haas (de)	коён	koen
konijn (het)	коён	koen
das (de)	кашкулак	kaʃkulak
wasbeer (de)	енот	enot
hamster (de)	хомяк	χomʲak
marmot (de)	суур	suur
mol (de)	момолой	momoloj
muis (de)	чычкан	ʧɯʧkan
rat (de)	келемиш	kelemiʃ
vleermuis (de)	жарганат	ʤarganat
hermelijn (de)	арс чычкан	ars ʧɯʧkan
sabeldier (het)	киш	kiʃ
marter (de)	суусар	suusar
wezel (de)	ласка	laska
nerts (de)	норка	norka

bever (de)	кемчет	kemt͡ʃet
otter (de)	кундуз	kunduz
paard (het)	жылкы	dʒɪlkɪ
eland (de)	багыш	bagɪʃ
hert (het)	бугу	bugu
kameel (de)	төө	tøø
bizon (de)	бизон	bizon
wisent (de)	зубр	zubr
buffel (de)	буйвол	bujvol
zebra (de)	зебра	zebra
antilope (de)	антилопа	antilopa
ree (de)	элик	elik
damhert (het)	лань	lanʲ
gems (de)	жейрен	dʒejren
everzwijn (het)	каман	kaman
walvis (de)	кит	kit
rob (de)	тюлень	tʉlenʲ
walrus (de)	морж	mordʒ
zeebeer (de)	деңиз мышыгы	deŋiz mɪʃɪgɪ
dolfijn (de)	дельфин	delʲfin
beer (de)	аюу	ajʉu
ijsbeer (de)	ак аюу	ak ajʉu
panda (de)	панда	panda
aap (de)	маймыл	majmɪl
chimpansee (de)	шимпанзе	ʃimpanze
orang-oetan (de)	орангутанг	orangutang
gorilla (de)	горилла	gorilla
makaak (de)	макака	makaka
gibbon (de)	гиббон	gibbon
olifant (de)	пил	pil
neushoorn (de)	керик	kerik
giraffe (de)	жираф	dʒiraf
nijlpaard (het)	бегемот	begemot
kangoeroe (de)	кенгуру	kenguru
koala (de)	коала	koala
mangoest (de)	мангуст	mangust
chinchilla (de)	шиншилла	ʃinʃilla
stinkdier (het)	скунс	skuns
stekelvarken (het)	чүткөр	t͡ʃʉtkør

176. Huisdieren

poes (de)	ургаачы мышык	urgaat͡ʃɪ mɪʃɪk
kater (de)	эркек мышык	erkek mɪʃɪk
hond (de)	ит	it

paard (het)	жылкы	dʒılkı
hengst (de)	айгыр	ajgır
merrie (de)	бээ	bee

koe (de)	уй	uj
bul, stier (de)	бука	buka
os (de)	өгүз	øgyz

schaap (het)	кой	koj
ram (de)	кочкор	kotʃkor
geit (de)	эчки	etʃki
bok (de)	теке	teke

| ezel (de) | эшек | eʃek |
| muilezel (de) | качыр | katʃır |

varken (het)	чочко	tʃotʃko
biggetje (het)	торопой	toropoj
konijn (het)	коён	koen

| kip (de) | тоок | took |
| haan (de) | короз | koroz |

eend (de)	өрдөк	ørdøk
woerd (de)	эркек өрдөк	erkek ørdøk
gans (de)	каз	kaz

| kalkoen haan (de) | күрп | kyrp |
| kalkoen (de) | ургаачы күрп | urgaatʃı kyrp |

huisdieren (mv.)	үй жаныбарлары	yj dʒanıbarları
tam (bijv. hamster)	колго үйрөтүлгөн	kolgo yjrøtylgøn
temmen (tam maken)	колго үйрөтүү	kolgo yjrøtyy
fokken (bijv. paarden ~)	өстүрүү	østyryy

boerderij (de)	ферма	ferma
gevogelte (het)	үй канаттулары	yj kanattuları
rundvee (het)	мал	mal
kudde (de)	бада	bada

paardenstal (de)	аткана	atkana
zwijnenstal (de)	чочкокана	tʃotʃkokana
koeienstal (de)	уйкана	ujkana
konijnenhok (het)	коёнкана	koenkana
kippenhok (het)	тоокана	tookana

177. Honden. Hondenrassen

hond (de)	ит	it
herdershond (de)	овчарка	ovtʃarka
Duitse herdershond (de)	немис овчаркасы	nemis ovtʃarkası
poedel (de)	пудель	pudelʲ
teckel (de)	такса	taksa
buldog (de)	бульдог	bulʲdog

boxer (de)	боксёр	boksʲor
mastiff (de)	мастиф	mastif
rottweiler (de)	ротвейлер	rotvejler
doberman (de)	доберман	doberman

basset (de)	бассет	basset
bobtail (de)	бобтейл	bobtejl
dalmatièr (de)	далматинец	dalmatinets
cockerspaniël (de)	кокер-спаниэль	koker-spanielʲ

| Newfoundlander (de) | ньюфаундленд | njʉfaundlend |
| sint-bernard (de) | сенбернар | senbernar |

husky (de)	хаски	χaski
chowchow (de)	чау-чау	ʧau-ʧau
spits (de)	шпиц	ʃpits
mopshond (de)	мопс	mops

178. Dierengeluiden

geblaf (het)	үрүү	yryy
blaffen (ww)	үрүү	yryy
miauwen (ww)	миёлоо	mijoloo
spinnen (katten)	мырылдоо	mırıldoo

loeien (ov. een koe)	маароо	maaroo
brullen (stier)	өкүрүү	økyryy
grommen (ov. de honden)	ырылдоо	ırıldoo

gehuil (het)	уулуу	uuluu
huilen (wolf, enz.)	уулуу	uuluu
janken (ov. een hond)	кыңшылоо	kıŋʃıloo

mekkeren (schapen)	маароо	maaroo
knorren (varkens)	коркулдоо	korkuldoo
gillen (bijv. varken)	чаңыруу	ʧaŋıruu

kwaken (kikvorsen)	чардоо	ʧardoo
zoemen (hommel, enz.)	зыңылдоо	zıŋıldoo
tjirpen (sprinkhanen)	чырылдоо	ʧırıldoo

179. Vogels

vogel (de)	куш	kuʃ
duif (de)	көгүчкөн	køgyʧkøn
mus (de)	таранчы	taranʧı
koolmees (de)	синица	sinitsa
ekster (de)	сагызган	sagızgan

raaf (de)	кузгун	kuzgun
kraai (de)	карга	karga
kauw (de)	таан	taan

roek (de)	чаркарга	tʃarkarga
eend (de)	өрдөк	ørdøk
gans (de)	каз	kaz
fazant (de)	кыргоол	kırgool
arend (de)	бүркүт	byrkyt
havik (de)	ителги	itelgi
valk (de)	шумкар	ʃumkar
gier (de)	жору	dʒoru
condor (de)	кондор	kondor
zwaan (de)	аккуу	akkuu
kraanvogel (de)	турна	turna
ooievaar (de)	илегилек	ilegilek
papegaai (de)	тотукуш	totukuʃ
kolibrie (de)	колибри	kolibri
pauw (de)	тоос	toos
struisvogel (de)	төө куш	tøø kuʃ
reiger (de)	көк кытан	køk kıtan
flamingo (de)	фламинго	flamingo
pelikaan (de)	биргазан	birgazan
nachtegaal (de)	булбул	bulbul
zwaluw (de)	чабалекей	tʃabalekej
lijster (de)	таркылдак	tarkıldak
zanglijster (de)	сайрагыч таркылдак	sajragıtʃ tarkıldak
merel (de)	кара таңдай таркылдак	kara taŋdaj tarkıldak
gierzwaluw (de)	кардыгач	kardıgatʃ
leeuwerik (de)	торгой	torgoj
kwartel (de)	бөдөнө	bødønø
specht (de)	тоңкулдак	toŋkuldak
koekoek (de)	күкүк	kykyk
uil (de)	мыкый үкү	mıkıj yky
oehoe (de)	үкү	yky
auerhoen (het)	керең кур	kereŋ kur
korhoen (het)	кара кур	kara kur
patrijs (de)	кекилик	kekilik
spreeuw (de)	чыйырчык	tʃıjırtʃık
kanarie (de)	канарейка	kanarejka
hazelhoen (het)	токой чили	tokoj tʃili
vink (de)	зяблик	zⁱablik
goudvink (de)	снегирь	snegirⁱ
meeuw (de)	ак чардак	ak tʃardak
albatros (de)	альбатрос	alⁱbatros
pinguïn (de)	пингвин	pingvin

180. Vogels. Zingen en geluiden

fluiten, zingen (ww)	сайроо	sajroo
schreeuwen (dieren, vogels)	кыйкыруу	kıjkıruu
kraaien (ov. een haan)	"күкирикү" деп кыйкыруу	kykiriky' dep kıjkıruu
kukeleku	күкирикү	kykiriky
klokken (hen)	какылдоо	kakıldoo
krassen (kraai)	каркылдоо	karkıldoo
kwaken (eend)	бакылдоо	bakıldoo
piepen (kuiken)	чыйылдоо	tʃijıldoo
tjilpen (bijv. een mus)	чырылдоо	tʃırıldoo

181. Vis. Zeedieren

brasem (de)	лещ	leʃtʃ
karper (de)	карп	karp
baars (de)	окунь	okunʲ
meerval (de)	жаян	dʒajan
snoek (de)	чортон	tʃorton
zalm (de)	лосось	lososʲ
steur (de)	осётр	osʲotr
haring (de)	сельдь	selʲdʲ
atlantische zalm (de)	сёмга	sʲomga
makreel (de)	скумбрия	skumbrija
platvis (de)	камбала	kambala
snoekbaars (de)	судак	sudak
kabeljauw (de)	треска	treska
tonijn (de)	тунец	tunets
forel (de)	форель	forelʲ
paling (de)	угорь	ugorʲ
sidderrog (de)	скат	skat
murene (de)	мурена	murena
piranha (de)	пиранья	piranja
haai (de)	акула	akula
dolfijn (de)	дельфин	delʲfin
walvis (de)	кит	kit
krab (de)	краб	krab
kwal (de)	медуза	meduza
octopus (de)	сегиз бут	segiz but
zeester (de)	деңиз жылдызы	deŋiz dʒıldızı
zee-egel (de)	деңиз кирписи	deŋiz kirpisi
zeepaardje (het)	деңиз тайы	deŋiz tajı
oester (de)	устрица	ustritsa
garnaal (de)	креветка	krevetka

| kreeft (de) | омар | omar |
| langoest (de) | лангуст | langust |

182. Amfibieën. Reptielen

| slang (de) | жылан | dʒılan |
| giftig (slang) | уулуу | uuluu |

adder (de)	кара чаар жылан	kara tʃaar dʒılan
cobra (de)	кобра	kobra
python (de)	питон	piton
boa (de)	удав	udav

ringslang (de)	сары жылан	sarı dʒılan
ratelslang (de)	шакылдак жылан	ʃakıldak dʒılan
anaconda (de)	анаконда	anakonda

hagedis (de)	кескелдирик	keskeldirik
leguaan (de)	игуана	iguana
varaan (de)	эчкемер	etʃkemer
salamander (de)	саламандра	salamandra
kameleon (de)	хамелеон	χameleon
schorpioen (de)	чаян	tʃajan

schildpad (de)	ташбака	taʃbaka
kikker (de)	бака	baka
pad (de)	курбака	kurbaka
krokodil (de)	крокодил	krokodil

183. Insecten

insect (het)	курт-кумурска	kurt-kumurska
vlinder (de)	көпөлөк	køpøløk
mier (de)	кумурска	kumurska
vlieg (de)	чымын	tʃımın
mug (de)	чиркей	tʃirkej
kever (de)	коңуз	koŋuz

wesp (de)	аары	aarı
bij (de)	бал аары	bal aarı
hommel (de)	жапан аары	dʒapan aarı
horzel (de)	көгөөн	køgøøn

| spin (de) | жөргөмүш | dʒørgømyʃ |
| spinnenweb (het) | желе | dʒele |

libel (de)	ийнелик	ijnelik
sprinkhaan (de)	чегиртке	tʃegirtke
nachtvlinder (de)	көпөлөк	køpøløk

| kakkerlak (de) | таракан | tarakan |
| teek (de) | кене | kene |

| vlo (de) | бүргө | byrgø |
| kriebelmug (de) | майда чымын | majda tʃımın |

treksprinkhaan (de)	чегиртке	tʃegirtke
slak (de)	үлүл	ylyl
krekel (de)	кара чегиртке	kara tʃegirtke
glimworm (de)	жалтырак коңуз	dʒaltırak koŋuz
lieveheersbeestje (het)	айланкөчөк	ajlankøtʃøk
meikever (de)	саратан коңуз	saratan koŋuz

bloedzuiger (de)	сүлүк	sylyk
rups (de)	каз таман	kaz taman
aardworm (de)	жер курту	dʒer kurtu
larve (de)	курт	kurt

184. Dieren. Lichaamsdelen

snavel (de)	тумшук	tumʃuk
vleugels (mv.)	канаттар	kanattar
poot (ov. een vogel)	чеңгел	tʃeŋgel
verenkleed (het)	куштун жүнү	kuʃtun dʒyny
veer (de)	канат	kanat
kuifje (het)	көкүлчө	køkyltʃø

kieuwen (mv.)	бакалоор	bakaloor
kuit, dril (de)	балык уругу	balık urugu
larve (de)	курт	kurt
vin (de)	сүзгүч	syzgytʃ
schubben (mv.)	кабырчык	kabırtʃık

slagtand (de)	азуу тиш	azuu tiʃ
poot (bijv. ~ van een kat)	таман	taman
muil (de)	тумшук	tumʃuk
bek (mond van dieren)	ооз	ooz
staart (de)	куйрук	kujruk
snorharen (mv.)	мурут	murut

| hoef (de) | туяк | tujak |
| hoorn (de) | мүйүз | myjyz |

schild (schildpad, enz.)	калканч	kalkantʃ
schelp (de)	үлүл кабыгы	ylyl kabıgı
eierschaal (de)	кабык	kabık

| vacht (de) | жүн | dʒyn |
| huid (de) | тери | teri |

185. Dieren. Leefomgevingen

leefgebied (het)	жашоо чөйрөсү	dʒaʃoo tʃøjrøsy
migratie (de)	миграция	migratsija
berg (de)	тоо	too

rif (het)	риф	rif
klip (de)	зоока	zooka
bos (het)	токой	tokoj
jungle (de)	джунгли	dʒungli
savanne (de)	саванна	savanna
toendra (de)	тундра	tundra
steppe (de)	талаа	talaa
woestijn (de)	чөл	ʧøl
oase (de)	оазис	oazis
zee (de)	деңиз	deŋiz
meer (het)	көл	køl
oceaan (de)	мухит	muχit
moeras (het)	саз	saz
zoetwater- (abn)	тузсуз суулу көл	tuzsuz suulu køl
vijver (de)	жасалма көлмө	dʒasalma kølmø
rivier (de)	дарыя	darija
berenhol (het)	ийин	ijin
nest (het)	уя	uja
boom holte (de)	көңдөй	køŋdøj
hol (het)	ийин	ijin
mierenhoop (de)	кумурска уюгу	kumurska ujʉgu

Flora

186. Bomen

boom (de)	дарак	darak
loof- (abn)	жалбырактуу	ʤalbıraktuu
dennen- (abn)	ийне жалбырактуулар	ijne ʤalbıraktuular
groenblijvend (bn)	дайым жашыл	dajım ʤaʃıl
appelboom (de)	алма бак	alma bak
perenboom (de)	алмурут бак	almurut bak
zoete kers (de)	гилас	gilas
zure kers (de)	алча	altʃa
pruimelaar (de)	кара өрүк	kara ørүk
berk (de)	ак кайың	ak kajıŋ
eik (de)	эмен	emen
linde (de)	жеке дарак	ʤøkø darak
esp (de)	бай терек	baj terek
esdoorn (de)	клён	klʲon
spar (de)	кара карагай	kara karagaj
den (de)	карагай	karagaj
lariks (de)	лиственница	listvennitsa
zilverspar (de)	пихта	piχta
ceder (de)	кедр	kedr
populier (de)	терек	terek
lijsterbes (de)	четин	tʃetin
wilg (de)	мажүрүм тал	maʤүrүm tal
els (de)	ольха	olʲχa
beuk (de)	бук	buk
iep (de)	кара жыгач	kara ʤıgatʃ
es (de)	ясень	jasenʲ
kastanje (de)	каштан	kaʃtan
magnolia (de)	магнолия	magnolija
palm (de)	пальма	palʲma
cipres (de)	кипарис	kiparis
mangrove (de)	мангро дарагы	mangro daragı
baobab (apenbroodboom)	баобаб	baobab
eucalyptus (de)	эвкалипт	evkalipt
mammoetboom (de)	секвойя	sekvoja

187. Heesters

struik (de)	бадал	badal
heester (de)	бадал	badal

| wijnstok (de) | жүзүм | dʒyzym |
| wijngaard (de) | жүзүмдүк | dʒyzymdyk |

frambozenstruik (de)	дан куурай	dan kuuraj
zwarte bes (de)	кара карагат	kara karagat
rode bessenstruik (de)	кызыл карагат	kızıl karagat
kruisbessenstruik (de)	крыжовник	krıdʒovnik

acacia (de)	акация	akatsija
zuurbes (de)	бөрү карагат	børy karagat
jasmijn (de)	жасмин	dʒasmin

jeneverbes (de)	кара арча	kara artʃa
rozenstruik (de)	роза бадалы	roza badalı
hondsroos (de)	ит мурун	it murun

188. Champignons

paddenstoel (de)	козу карын	kozu karın
eetbare paddenstoel (de)	желе турган козу карын	dʒele turgan kozu karın
giftige paddenstoel (de)	уулуу козу карын	uuluu kozu karın
hoed (de)	козу карындын телпеги	kozu karındın telpegi
steel (de)	аякчасы	ajaktʃası

eekhoorntjesbrood (het)	ак козу карын	ak kozu karın
rosse populierboleet (de)	подосиновик	podosinovik
berkenboleet (de)	подберёзовик	podberʲozovik
cantharel (de)	лисичка	lisitʃka
russula (de)	сыроежка	sıroedʒka

morielje (de)	сморчок	smortʃok
vliegenzwam (de)	мухомор	muxomor
groene knolamaniet (de)	поганка	poganka

189. Vruchten. Bessen

| vrucht (de) | мөмө-жемиш | mømø-dʒemiʃ |
| vruchten (mv.) | мөмө-жемиш | mømø-dʒemiʃ |

appel (de)	алма	alma
peer (de)	алмурут	almurut
pruim (de)	кара өрүк	kara øryk

aardbei (de)	кулпунай	kulpunaj
zure kers (de)	алча	altʃa
zoete kers (de)	гилас	gilas
druif (de)	жүзүм	dʒyzym

framboos (de)	дан куурай	dan kuuraj
zwarte bes (de)	кара карагат	kara karagat
rode bes (de)	кызыл карагат	kızıl karagat
kruisbes (de)	крыжовник	krıdʒovnik

veenbes (de)	клюква	klukva
sinaasappel (de)	апельсин	apelʲsin
mandarijn (de)	мандарин	mandarin
ananas (de)	ананас	ananas
banaan (de)	банан	banan
dadel (de)	курма	kurma

citroen (de)	лимон	limon
abrikoos (de)	өрүк	øryk
perzik (de)	шабдаалы	ʃabdaalı
kiwi (de)	киви	kivi
grapefruit (de)	грейпфрут	grejpfrut

bes (de)	жер жемиш	dʒer dʒemiʃ
bessen (mv.)	жер жемиштер	dʒer dʒemiʃter
vossenbes (de)	брусника	brusnika
bosaardbei (de)	кызылгат	kızılgat
blauwe bosbes (de)	кара моюл	kara mojul

190. Bloemen. Planten

| bloem (de) | гүл | gyl |
| boeket (het) | десте | deste |

roos (de)	роза	roza
tulp (de)	жоогазын	dʒoogazın
anjer (de)	гвоздика	gvozdika
gladiool (de)	гладиолус	gladiolus

korenbloem (de)	ботокөз	botokøz
klokje (het)	коңгуроо гүл	koŋguroo gyl
paardenbloem (de)	каакым-кукум	kaakım-kukum
kamille (de)	ромашка	romaʃka

aloë (de)	алоэ	aloe
cactus (de)	кактус	kaktus
ficus (de)	фикус	fikus

lelie (de)	лилия	lilija
geranium (de)	герань	geranʲ
hyacint (de)	гиацинт	giatsint

mimosa (de)	мимоза	mimoza
narcis (de)	нарцисс	nartsiss
Oost-Indische kers (de)	настурция	nasturtsija

orchidee (de)	орхидея	orχideja
pioenroos (de)	пион	pion
viooltje (het)	бинапша	binapʃa

driekleurig viooltje (het)	алагүл	alagyl
vergeet-mij-nietje (het)	незабудка	nezabudka
madeliefje (het)	маргаритка	margaritka
papaver (de)	кызгалдак	kızgaldak

hennep (de)	наша	naʃa
munt (de)	жалбыз	dʒalbɯz
lelietje-van-dalen (het)	ландыш	landɯʃ
sneeuwklokje (het)	байчечекей	bajtʃetʃekej
brandnetel (de)	чалкан	tʃalkan
veldzuring (de)	ат кулак	at kulak
waterlelie (de)	чөмүч баш	tʃømytʃ baʃ
varen (de)	папоротник	paporotnik
korstmos (het)	лишайник	liʃajnik
oranjerie (de)	күнөскана	kynøskana
gazon (het)	газон	gazon
bloemperk (het)	клумба	klumba
plant (de)	өсүмдүк	øsymdyk
gras (het)	чөп	tʃøp
grasspriet (de)	бир тал чөп	bir tal tʃøp
blad (het)	жалбырак	dʒalbɯrak
bloemblad (het)	гүлдүн желекчеси	gyldyn dʒelektʃesi
stengel (de)	сабак	sabak
knol (de)	жемиш тамыр	dʒemiʃ tamɯr
scheut (de)	өсмө	øsmø
doorn (de)	тикен	tiken
bloeien (ww)	гүлдөө	gyldøø
verwelken (ww)	соолуу	sooluu
geur (de)	жыт	dʒɯt
snijden (bijv. bloemen ~)	кесүү	kesyy
plukken (bloemen ~)	үзүү	yzyy

191. Granen, graankorrels

graan (het)	дан	dan
graangewassen (mv.)	дан эгиндери	dan eginderi
aar (de)	машак	maʃak
tarwe (de)	буудай	buudaj
rogge (de)	кара буудай	kara buudaj
haver (de)	сулу	sulu
gierst (de)	таруу	taruu
gerst (de)	арпа	arpa
maïs (de)	жүгөрү	dʒygøry
rijst (de)	күрүч	kyrytʃ
boekweit (de)	гречиха	gretʃixa
erwt (de)	нокот	nokot
nierboon (de)	төө буурчак	tøø buurtʃak
soja (de)	соя	soja
linze (de)	жасмык	dʒasmɯk
bonen (mv.)	буурчак	buurtʃak

REGIONALE AARDRIJKSKUNDE

Landen. Nationaliteiten

192. Politiek. Overheid. Deel 1

politiek (de)	саясат	sajasat
politiek (bn)	саясий	sajasij
politicus (de)	саясатчы	sajasattʃı
staat (land)	мамлекет	mamleket
burger (de)	жаран	dʒaran
staatsburgerschap (het)	жарандык	dʒarandık
nationaal wapen (het)	улуттук герб	uluttuk gerb
volkslied (het)	мамлекеттик гимн	mamlekettik gimn
regering (de)	өкмөт	økmøt
staatshoofd (het)	мамлекет башчысы	mamleket baʃtʃısı
parlement (het)	парламент	parlament
partij (de)	партия	partija
kapitalisme (het)	капитализм	kapitalizm
kapitalistisch (bn)	капиталистик	kapitalistik
socialisme (het)	социализм	sotsializm
socialistisch (bn)	социалистик	sotsialistik
communisme (het)	коммунизм	kommunizm
communistisch (bn)	коммунистик	kommunistik
communist (de)	коммунист	kommunist
democratie (de)	демократия	demokratija
democraat (de)	демократ	demokrat
democratisch (bn)	демократиялык	demokratijalık
democratische partij (de)	демократиялык партия	demokratijalık partija
liberaal (de)	либерал	liberal
liberaal (bn)	либералдык	liberaldık
conservator (de)	консерватор	konservator
conservatief (bn)	консервативдик	konservativdik
republiek (de)	республика	respublika
republikein (de)	республикачы	respublikatʃı
Republikeinse Partij (de)	республикалык	respublikalık
verkiezing (de)	шайлоо	ʃajloo
kiezen (ww)	шайлоо	ʃajloo

| kiezer (de) | шайлоочу | ʃajlootʃu |
| verkiezingscampagne (de) | шайлоо кампаниясы | ʃajloo kampanijası |

stemming (de)	добуш	dobuʃ
stemmen (ww)	добуш берүү	dobuʃ beryy
stemrecht (het)	добуш берүү укугу	dobuʃ beryy ukugu

kandidaat (de)	талапкер	talapker
zich kandideren	талапкерлигин көрсөтүү	talapkerligin kørsøtyy
campagne (de)	кампания	kampanija

| oppositie- (abn) | оппозициялык | oppozitsijalık |
| oppositie (de) | оппозиция | oppozitsija |

bezoek (het)	визит	vizit
officieel bezoek (het)	расмий визит	rasmij vizit
internationaal (bn)	эл аралык	el aralık

| onderhandelingen (mv.) | сүйлөшүүлөр | syjløʃyylør |
| onderhandelen (ww) | сүйлөшүүлөр жүргүзүү | syjløʃyylør dʒyrgyzyy |

193. Politiek. Overheid. Deel 2

maatschappij (de)	коом	koom
grondwet (de)	конституция	konstitutsija
macht (politieke ~)	бийлик	bijlik
corruptie (de)	коррупция	korruptsija

| wet (de) | мыйзам | mıjzam |
| wettelijk (bn) | мыйзамдуу | mıjzamduu |

| rechtvaardigheid (de) | адилеттик | adilettik |
| rechtvaardig (bn) | адилеттүү | adilettyy |

comité (het)	комитет	komitet
wetsvoorstel (het)	мыйзам долбоору	mıjzam dolbooru
begroting (de)	бюджет	budʒet
beleid (het)	саясат	sajasat
hervorming (de)	реформа	reforma
radicaal (bn)	радикалдуу	radikalduu

macht (vermogen)	күч	kytʃ
machtig (bn)	кудуреттүү	kudurettyy
aanhanger (de)	жактоочу	dʒaktootʃu
invloed (de)	таасир	taasir

regime (het)	түзүм	tyzym
conflict (het)	чыр-чатак	tʃır-tʃatak
samenzwering (de)	заговор	zagovor
provocatie (de)	айгак аракети	ajgak araketi

omverwerpen (ww)	кулатуу	kulatuu
omverwerping (de)	кулатуу	kulatuu
revolutie (de)	ыңкылап	ıŋkılap

| staatsgreep (de) | төңкөрүш | tøŋkøryʃ |
| militaire coup (de) | аскердик төңкөрүш | askerdik tøŋkøryʃ |

crisis (de)	каатчылык	kaattʃılık
economische recessie (de)	экономикалык төмөндөө	ekonomikalık tømøndøø
betoger (de)	демонстрант	demonstrant
betoging (de)	демонстрация	demonstratsija
krijgswet (de)	согуш абалында	soguʃ abalında
militaire basis (de)	аскер базасы	asker bazası

| stabiliteit (de) | туруктуулук | turuktuuluk |
| stabiel (bn) | туруктуу | turuktuu |

| uitbuiting (de) | эзүү | ezyy |
| uitbuiten (ww) | эзүү | ezyy |

racisme (het)	расизм	rasizm
racist (de)	расист	rasist
fascisme (het)	фашизм	faʃizm
fascist (de)	фашист	faʃist

194. Landen. Diversen

vreemdeling (de)	чет өлкөлүк	tʃet ølkølyk
buitenlands (bn)	чет өлкөлүк	tʃet ølkølyk
in het buitenland (bw)	чет өлкөдө	tʃet ølkødø

emigrant (de)	эмигрант	emigrant
emigratie (de)	эмиграция	emigratsija
emigreren (ww)	башка өлкөгө көчүү	baʃka ølkøgø køtʃyy

Westen (het)	Батыш	batıʃ
Oosten (het)	Чыгыш	tʃıgıʃ
Verre Oosten (het)	Алыскы Чыгыш	alıskı tʃıgıʃ

beschaving (de)	цивилизация	tsıvilizatsija
mensheid (de)	адамзат	adamzat
wereld (de)	аалам	aalam
vrede (de)	тынчтык	tıntʃtık
wereld- (abn)	дүйнөлүк	dyjnølyk

vaderland (het)	мекен	meken
volk (het)	эл	el
bevolking (de)	калк	kalk
mensen (mv.)	адамдар	adamdar
natie (de)	улут	ulut
generatie (de)	муун	muun

gebied (bijv. bezette ~en)	аймак	ajmak
regio, streek (de)	регион	region
deelstaat (de)	штат	ʃtat

| traditie (de) | салт | salt |
| gewoonte (de) | үрп-адат | yrp-adat |

ecologie (de)	экология	ekologija
Indiaan (de)	индеец	indeets
zigeuner (de)	цыган	tsıgan
zigeunerin (de)	цыган аял	tsıgan ajal
zigeuner- (abn)	цыгандык	tsıgandık

rijk (het)	империя	imperija
kolonie (de)	колония	kolonija
slavernij (de)	кулчулук	kultʃuluk
invasie (de)	басып келүү	basıp kelyy
hongersnood (de)	ачарчылык	atʃartʃılık

195. Grote religieuze groepen. Bekentenissen

| religie (de) | дин | din |
| religieus (bn) | диний | dinij |

geloof (het)	диний ишеним	dinij iʃenim
geloven (ww)	ишенүү	iʃenyy
gelovige (de)	динчил	dintʃil

| atheïsme (het) | атеизм | ateizm |
| atheïst (de) | атеист | ateist |

christendom (het)	Христианчылык	xristiantʃılık
christen (de)	христиан	xristian
christelijk (bn)	христиандык	xristiandık

katholicisme (het)	Католицизм	katolitsizm
katholiek (de)	католик	katolik
katholiek (bn)	католиктер	katolikter

protestantisme (het)	Протестантизм	protestantizm
Protestante Kerk (de)	Протестанттык чиркөө	protestanttık tʃirkøø
protestant (de)	протестанттар	protestanttar

orthodoxie (de)	Православие	pravoslavie
Orthodoxe Kerk (de)	Православдык чиркөө	pravoslavdık tʃirkøø
orthodox	православдык	pravoslavdık

presbyterianisme (het)	Пресвитерианчылык	presviteriantʃılık
Presbyteriaanse Kerk (de)	Пресвитериандык чиркөө	presviteriandık tʃirkøø
presbyteriaan (de)	пресвитериандык	presviteriandık

| lutheranisme (het) | Лютерандык чиркөө | luterandık tʃirkøø |
| lutheraan (de) | лютерандык | luterandık |

| baptisme (het) | Баптизм | baptizm |
| baptist (de) | баптист | baptist |

Anglicaanse Kerk (de)	Англикан чиркөөсү	anglikan tʃirkøøsy
anglicaan (de)	англикан	anglikan
mormonisme (het)	Мормондук	mormonduk
mormoon (de)	мормон	mormon

Jodendom (het)	Иудаизм	iudaizm
jood (aanhanger van het Jodendom)	иудей	iudej

boeddhisme (het)	Буддизм	buddizm
boeddhist (de)	буддист	buddist

hindoeïsme (het)	Индуизм	induizm
hindoe (de)	индуист	induist

islam (de)	Ислам	islam
islamiet (de)	мусулман	musulman
islamitisch (bn)	мусулмандык	musulmandık

sjiisme (het)	Шиизм	ʃiizm
sjiiet (de)	шиит	ʃiit

soennisme (het)	Суннизм	sunnizm
soenniet (de)	суннит	sunnit

196. Religies. Priesters

priester (de)	поп	pop
paus (de)	Рим Папасы	rim papası

monnik (de)	кечил	ketʃil
non (de)	кечил аял	ketʃil ajal
pastoor (de)	пастор	pastor

abt (de)	аббат	abbat
vicaris (de)	викарий	vikarij
bisschop (de)	епископ	episkop
kardinaal (de)	кардинал	kardinal

predikant (de)	диний үгүттөөчү	dinij ygyttøøtʃy
preek (de)	үгүт	ygyt
kerkgangers (mv.)	чиркөө коомунун мүчөлөрү	tʃirkøø koomunun mytʃøløry

gelovige (de)	динчил	dintʃil
atheïst (de)	атеист	ateist

197. Geloof. Christendom. Islam

Adam	Адам ата	adam ata
Eva	Обо эне	obo ene

God (de)	Кудай	kudaj
Heer (de)	Алла талаа	alla talaa
Almachtige (de)	Кудуреттүү	kudurettyy
zonde (de)	күнөө	kynøø
zondigen (ww)	күнөө кылуу	kynøø kıluu

zondaar (de)	күнөөкөр	kynøøkør
zondares (de)	күнөөкөр аял	kynøøkør ajal
hel (de)	тозок	tozok
paradijs (het)	бейиш	bejiʃ
Jezus	Иса	isa
Jezus Christus	Иса Пайгамбар	isa pajgambar
Heilige Geest (de)	Ыйык Рух	ijık ruχ
Verlosser (de)	Куткаруучу	kutkaruutʃu
Maagd Maria (de)	Бүбү Мариям	byby marijam
duivel (de)	Шайтан	ʃajtan
duivels (bn)	шайтан	ʃajtan
Satan	Шайтан	ʃajtan
satanisch (bn)	шайтандык	ʃajtandık
engel (de)	периште	periʃte
beschermengel (de)	сактагыч периште	saktagıtʃ periʃte
engelachtig (bn)	периште	periʃte
apostel (de)	апостол	apostol
aartsengel (de)	архангель	arχangelʲ
antichrist (de)	антихрист	antiχrist
Kerk (de)	Чиркөө	tʃirkøø
bijbel (de)	библия	biblija
bijbels (bn)	библиялык	biblijalık
Oude Testament (het)	Эзелки осуят	ezelki osujat
Nieuwe Testament (het)	Жаңы осуят	dʒaŋı osujat
evangelie (het)	Евангелие	evangelie
Heilige Schrift (de)	Ыйык	ijık
Hemel, Hemelrijk (de)	Жаннат	dʒannat
gebod (het)	парз	parz
profeet (de)	пайгамбар	pajgambar
profetie (de)	пайгамбар сөзү	pajgambar søzy
Allah	Аллах	allaχ
Mohammed	Мухаммед	muχammed
Koran (de)	Куран	kuran
moskee (de)	мечит	metʃit
moellah (de)	мулла	mulla
gebed (het)	дуба	duba
bidden (ww)	дуба кылуу	duba kıluu
pelgrimstocht (de)	зыярат	zijarat
pelgrim (de)	зыяратчы	zijarattʃı
Mekka	Мекке	mekke
kerk (de)	чиркөө	tʃirkøø
tempel (de)	ибадаткана	ibadatkana
kathedraal (de)	чоң чиркөө	tʃoŋ tʃirkøø

gotisch (bn)	готикалуу	gotikaluu
synagoge (de)	синагога	sinagoga
moskee (de)	мечит	metʃit
kapel (de)	кичинекей чиркөө	kitʃinekej tʃirkøø
abdij (de)	аббаттык	abbattık
klooster (het)	монастырь	monastırʲ
klok (de)	коңгуроо	koŋguroo
klokkentoren (de)	коңгуроо мунарасы	koŋguroo munarası
luiden (klokken)	коңгуроо кагуу	koŋguroo kaguu
kruis (het)	крест	krest
koepel (de)	купол	kupol
icoon (de)	икона	ikona
ziel (de)	жан	dʒan
lot, noodlot (het)	тагдыр	tagdır
kwaad (het)	жамандык	dʒamandık
goed (het)	жакшылык	dʒakʃılık
vampier (de)	кан соргуч	kan sorgutʃ
heks (de)	жез тумшук	dʒez tumʃuk
demoon (de)	шайтан	ʃajtan
geest (de)	арбак	arbak
verzoeningsleer (de)	күнөөнү жуу	kynøøny dʒuu
vrijkopen (ww)	күнөөнү жуу	kynøøny dʒuu
mis (de)	ибадат	ibadat
de mis opdragen	ибадат кылуу	ibadat kıluu
biecht (de)	сыр төгүү	sır tøgyy
biechten (ww)	сыр төгүү	sır tøgyy
heilige (de)	ыйык	ıjık
heilig (bn)	ыйык	ıjık
wijwater (het)	ыйык суу	ıjık suu
ritueel (het)	диний ырым-жырым	dinij ırım-dʒırım
ritueel (bn)	диний ырым-жырым	dinij ırım-dʒırım
offerande (de)	курмандык	kurmandık
bijgeloof (het)	ырым-жырым	ırım-dʒırım
bijgelovig (bn)	ырымчыл	ırımtʃıl
hiernamaals (het)	тиги дүйнө	tigi dyjnø
eeuwige leven (het)	түбөлүк жашоо	tybølyk dʒaʃoo

DIVERSEN

198. Diverse nuttige woorden

achtergrond (de)	фон	fon
balans (de)	теңдем	teŋdem
basis (de)	түп	typ
begin (het)	башталыш	baʃtalıʃ
beurt (wie is aan de ~?)	кезек	kezek
categorie (de)	категория	kategorija
comfortabel (~ bed, enz.)	ыңгайлуу	ıŋgajluu
compensatie (de)	ордун толтуруу	ordun tolturuu
deel (gedeelte)	бөлгү	bølygy
deeltje (het)	бөлүкчө	bølyktʃø
ding (object, voorwerp)	буюм	bujum
dringend (bn, urgent)	шашылыш	ʃaʃılıʃ
dringend (bw, met spoed)	шашылыш	ʃaʃılıʃ
effect (het)	таасир	taasir
eigenschap (kwaliteit)	касиет	kasiet
einde (het)	бүтүү	bytyy
element (het)	элемент	element
feit (het)	далил	dalil
fout (de)	ката	kata
geheim (het)	сыр	sır
graad (mate)	даража	daradʒa
groei (ontwikkeling)	өсүү	øsyy
hindernis (de)	тоскоолдук	toskoolduk
hinderpaal (de)	тоскоолдук	toskoolduk
hulp (de)	жардам	dʒardam
ideaal (het)	идеал	ideal
inspanning (de)	күч аракет	kytʃ araket
keuze (een grote ~)	тандоо	tandoo
labyrint (het)	лабиринт	labirint
manier (de)	ыкма	ıkma
moment (het)	учур	utʃur
nut (bruikbaarheid)	пайда	pajda
onderscheid (het)	айырма	ajırma
ontwikkeling (de)	өнүгүү	ønygyy
oplossing (de)	чечүү	tʃetʃyy
origineel (het)	түпнуска	typnuska
pauze (de)	тыныгуу	tınıguu
positie (de)	позиция	pozitsija
principe (het)	усул	usul

probleem (het)	көйгөй	køjgøj
proces (het)	жараян	dʒarajan
reactie (de)	реакция	reaktsija
reden (om ~ van)	себеп	sebep
risico (het)	тобокел	tobokel
samenvallen (het)	дал келгендик	dal kelgendik
serie (de)	катар	katar
situatie (de)	кырдаал	kırdaal
soort (bijv. ~ sport)	түр	tyr
standaard (bn)	стандарттуу	standarttuu
standaard (de)	стандарт	standart
stijl (de)	стиль	stilʲ
stop (korte onderbreking)	токтотуу	toktotuu
systeem (het)	тутум	tutum
tabel (bijv. ~ van Mendelejev)	жадыбал	dʒadıbal
tempo (langzaam ~)	темп	temp
term (medische ~en)	атоо	atoo
type (soort)	түр	tyr
variant (de)	вариант	variant
veelvuldig (bn)	бат-бат	bat-bat
vergelijking (de)	салыштырма	salıʃtırma
voorbeeld (het goede ~)	мисал	misal
voortgang (de)	өнүгүү	ønygyy
voorwerp (ding)	объект	obⁿjekt
vorm (uiterlijke ~)	тариз	tariz
waarheid (de)	чындык	tʃındık
zone (de)	алкак	alkak

www.ingramcontent.com/pod-product-compliance
Lightning Source LLC
La Vergne TN
LVHW051310080426
835509LV00020B/3209